Léim an Dá Mhíle

Jesus in Dingle

Le beannacht do John & Pádraig Ó Fiannachta, 28-4-2015.

Léim an Dá Mhíle

~~Pádraig Ó Fiannachta~~

Jesus in Dingle

NATALIE TRUMP

An Sagart
An Daingean
2005

Foilsíodh le tacaíocht ó
Bhord na Leabhar Gaeilge

ISBN 1 903896 27 4

An Cinnire Laighneach a chlóigh

Clár

Réamhrá 6

Origin of the Dual-Language *Léim* 8

I Íosa ag an gCé sa Daingean 18

II Íosa i gCeann Sléibhe 28

III Íosa ar ais sa Daingean 36

IV An tSeanmóin i Móin na Ceapaí 66

V An tArán ó Neamh 92

VI Íosa ar an nGairtheanaigh 114

VII Íosa i gCom Dhineol 136

VIII Briseadh an Aráin 144

IX Íosa ar Chruach Mhárthain 160

Réamhrá

Bhí malairt teidil agam ar an saothar seo ar dtús – *Gaililí agus Iarúsailéim ag baile againn*. Ní rabhas sásta leis nuair a bhí an clabhsúr agam agus gur thuigeas gurb í seo m'aiste don Iubhaile. Is é seo léim an dá mhíle agam, ar tharla dhá mhíle bliain ó shin á fheiscint agam trí shúile m'óige féin i mo dhúiche féin. Ní haon dua agam anois an léim sin a chaitheamh; tá na himeachtaí móra sin buailte isteach i m'aigne níos daingne ná mar atá imeachtaí m'óige féin. Níl an saol eile chomh fada sin uaim anois. Tá an saol seo ag bailiú leis uaim dá áille agus dá shuáilcí é. Níl ann ach scáil den áille, den bhrí, den iontas, den anam, den tsíoraíocht mar a bhfuil an oiread sin de mo chairde. Tá an tsíoraíocht sin taobh linn, lena gile, lena glóire, lena cuideachta, lena lúcháir bhuan. Níl ach cúpla truslóg sa dá mhíle. Leis an gcúpla truslóg sin bainim an drúcht de bhánta na síoraíochta, agus leanaim cosán Fhear na Gailíle. Is dá bharr sin a fheicim timpeall orm é in imeachtaí an tsoiscéil.

Mícheál de Liostún a chéadthug tuiscint dom ar an rúndiamhair seo. Dhein sé sin i ndán beag a d'fhoilsíos ina chéad chnuasach filíochta, *Focail Spailpín*, deich mbliana fichead geall leis ó shin. Mar seo a ghabh an seoladh:

Rugadh Íosa in Áth Dara.
Bhí teach a mhuintire ar an tSráid Fhada …

Is aisteach liom nach bhfuil breith Chríost agus a Cháisc .i. a pháis, a bhás, agus a aiséirí, anso agam. Is ionadh liom sin maidir leis an Nollaig; thugadh sé féin agus a mháthair turas orainn i gcónaí Oíche Nollag; b'fhéidir go ndéanfaidh leis i dtigh na sagart anseo sa Daingean don Iubhaile. Tuigim i dtaobh na Cásca. Bíonn an Cháisc iomlán á ceiliúradh go réalaíoch gach lá i ndiamhaire an aifrinn. I mo lámha méiscreacha bíonn an Corp ar deighilt ón bhFuil go sacraimintiúil, agus ciallaíonn sin, don gcreidmheach, go réadúil; gach braon a sileadh thall is abhus ó úir Gheatsamainí go rinn sleá an Daill go bhfuil sé mar shéala ar an gconradh nua againn, agus cuachta sa chupa os mo chomhair. Ba dheacair dom samhlaíocht áiteach a chur i bhfeidhm ar an ngné seo.

Leithscéal é sin is dócha. Níor fhéadas tabhairt faoi fós. Tugtar le tuiscint anseo gur thíos sa phríomhchathair, i mBaile Átha Cliath, a tharla an pháis agus an t-aiséirí; níor fhéadas dá bhrí sin aon chur síos a thabhairt orthu. Tháinig a bhfuil anso chugam ina chúpla tulca le linn an Charghais agus tar éis na Cásca.

Táim buíoch do Raidió Eireann a d'iarr orm roinnt cláracha a sholáthar do *An Briathar Beo* tar éis na Cásca agus léas ceithre sliocht as a raibh cumtha agam faoin am san. Fuaireas tuairiscí molta óna lán daoine; chuir sin misneach orm chun leanúint orm. In áthas an Aiseirí agus na Deascabhála chuireas Briseadh an Aráin agus Íosa ar Chruach Mhárthain mar dhúnadh ar an iomlán.

Bhí an Dara Domhnach tar éis na Cásca an-bhreá agus thógas formhór na ngrianghrafanna atá anseo an lá sin. Bhí sé d'ádh orm leis go raibh Proinséas Ní Bheoláin ag baile ar saoire timpeall an ama sin agus d'iarras uirthi an clúdach agus roinnt pictiúr léirithe a sholáthar. Tá a saothar mar mhaise ar an iomlán anso.

Deinim iarracht ar a bheith chomh nádúrtha agus a d'fhéadfainn sa chaint mar ní oireann caighdeánú d'fhilíocht agus ní ceart a bheith ag éileamh go mbeadh gach dréacht de réir a chéile.

PÁDRAIG Ó FIANNACHTA
Tigh na Sagart
An Daingean
Lá 'le Chorp Chríost, 6ú Meitheamh 1999

Origin of the Dual-Language *Léim*

Who can see where an interest in a 'minority' language will lead? My husband Rick and I began taking a course in the Irish language for fun when we retired in 1998, after hearing it spoken on previous vacations to Ireland. I'm a fifth generation part-Irish American, and Rick has no Irish background, and before we found out that the Central New York Chapter of the Irish American Cultural Institute had a language class, our total Irish was *Céad Míle Fáilte* – A Hundred Thousand Welcomes.

In March 2000 we were on our fourth visit to Dingle, and we wanted to go to the Irish language Mass. We couldn't find a notice in the church, so we asked a priest we saw in the yard. He was a friendly Dingle-type person who asked about our class and talked about the language and Dingle. Since he was busy and didn't have long to chat, he gave us a small Irish language book he'd written, as a friendly goodbye.

It's impossible to learn a language without lots of practice, so I've used dual language books, readers, and simple stories, and enjoyed them, picking up interesting information on Irish culture in the process. *Léim*, being written for Irish speakers, was much more difficult. I started it, but dropped it for a year or so to practise with easier things before trying again. When I went back to it, it was still very difficult, but I found I was reading much more for enjoyment than for practice – that what was coming into view as I struggled up the hill was a wonderful reading experience.

The poem is subtitled "Galilee and Jerusalem in Our Town", and is a narrative combining imagined incidents and Gospel narratives transposed from the Holy Land to the Dingle Peninsula of the author's boyhood. Although I've encountered fictionalized accounts of Jesus' life and ministry, and other stories of Jesus in modern settings, I've never read anything like *Léim*.

I found the experience somewhat like enjoying a lovely, vivid, stained glass scene from the life of Christ, with bright sun behind it – and all of a sudden noticing the glass leaves fluttering in the breeze, and the figures starting to move!

So much works so well in *Léim*. On one level it reminds me of manuscripts like the Book of Kells – a richly illuminated Gospel text. If Fungi had lived near the Kells artists, I'm sure he'd have been found leaping across some page "in his shimmering arch". The author was born and raised on the Dingle Peninsula, and his familiarity with the area and its people, history, traditions, language and folklore bring the poem to life. There's a feeling that each story touches on a thousand others, but the poem is never cluttered – a few perfect details make each scene and character convincing. On this level it can be enjoyed, like an illustrated manuscript, for its sheer beauty and artistry.

It also contains a remarkable amount of information for someone interested in the Dingle Peninsula and its Gaeltacht culture, much of it coming up in relation to placenames. Irish-Americans may have encountered the quote "Every stoney field has a name", but the fact that there are so many picturesque and lovely-sounding names of townlands, roads, islands, and even rocks, conveys the sense of a community so intertwined with its setting that the features of the landscape are almost family members, each with a history and/or legend of its own. Jesus and his band of followers never walk through a generic wood or up an anonymous hill, and when the sun goes down it doesn't just go down in the west, but behind Sliabh an

Fhiolair (Mount Eagle), or Inisicíleáin (Island of the Son of Uíbhléan). (I wish you could hear the placenames as Fr. Ó Fiannachta reads them in the tape he was kind enough to make for me of *Léim* – the sound of them makes me wonder if it would be possible to write real *prose* in Irish!) There are also references to the rich archeological legacy of the Peninsula, references to other Irish language poets, and to the recent and remote history of this fascinating and long-settled area, and it would be a fun read as an "Introduction to the Dingle Peninsula" to supplement the excellent guidebooks available.

The wealth of fun detail on the surface of *Léim*, though, also serves its deeper meaning. It helps me realize that the Samaritan woman at the well, the rich young man, each of the ten lepers and everyone else in the Gospels, would have had her/his own life story, have come from a given family and community, and have met Jesus on a certain day. When the sun rose on Jesus at prayer in some deserted place, it would have shown him a specific view, and when he went back to join the disciples he'd have walked past individual plants and rocks, just as I do when I get the mail. When he was advising people how to live, he was talking to real people facing problems as real as our own. Some – like bereavement, sickness and societal strains – are problems common to our time, Jesus' time, and Dingle seventy-five years ago. Some – like worry over ricin, widespread leprosy, or poverty such that shoes are a luxury, and a reasonably well-off man has only hot water with pepper in it to help him deal with sudden illness – are specific to a time and place.

At its deepest level, the poem is about Jesus, who is more successfully portrayed as at once human and divine than I've ever encountered. The Gospel passages are familiar enough – so much so that reading them in their usual setting my mind slides over them too easily. Moved out of context "the strange talk he goes on with" regains its power to startle me, even more so because what he says grows naturally out of his encounters with people and situations. He isn't reciting a list of generic instructions about Being Better, but instead is so full of love and so fully engaged with both the world and his Father's will that he applies it in any situation. The first two lines,

> "It wasn't in front of the Chapel, but at the Base
>   of the Pier
> That Christ was talking that day ..."

set the tone for the freedom of Jesus' interactions with the community. When he begins the Sermon on the Mount with the words "Blessed are the poor in spirit", he's looking across at Dingle's Famine graveyard. When he speaks of those who "hunger and thirst for justice" he refers to those who want the world economy reformed to prevent similar triumphs of economic theory in our time. The observation that sinners may enter the Kingdom of God before the more self-righteous arises from a particular situation – and is followed immediately by one of my favorite small gems in the story that shows Jesus as startlingly human.

Also very human is the sense of Jesus – like Francis of Assisi – being enraptured by the natural world. Two separate times he's moved to actually shout out praise. "Creation Spirituality" is an abstract term – Jesus' delight in Fungi, and in the early-morning view of Dingle Harbor from the top of Cnoc an Chairn is a living reality.

Central to the portrait of Jesus is his unmistakable and enthusiastic love of people. He visits a public hospital, and, thrilled as the old people are to see him, he's at least as thrilled to be getting some face time with his own Nellie, with Caitlín, Tom Scanlon, Stiofán, and each of the others. Are these special people? Oh, yes!!! ... well, no. Sick old people at a public hospital, they're no more or less special than you or I or the mailman. Seen through Jesus' eyes, each one is the Beloved, an old friend of his and a holy child of God. (What will my life be like if I learn to see others this way, too?) And he's no stranger, no remote Inspector General to them, but their oldest and dearest friend and their Beloved, as well.

In summary, I found that reading *Léim* is fun, enriching on a lot of levels, and makes me happier, and probably better. After I finished it, I sent Fr. Ó Fiannachta a card thanking him for the book and telling him how much I enjoyed it, and asking if he had made a tape of it I could buy. He e-mailed back and said he hadn't, but thanked me for writing. Now, I think this is a wonderful book, but many many people don't have the kind of schedule that permits learning Irish. In recommending a book I'd rather not say "You must learn a pretty challenging language to read this," or, alternatively "Here's my version – the translation is awkward and no doubt some of it's wrong." On the other hand I know there's controversy among writers in endangered languages about whether it's good either to write translations of their own works or to let them be written. So in e-mailing back I tried tactfully to urge him to put out a dual-language version. He said he had no such plans, so I continued to try to get my translation close enough to right to share it with a few people. He came to the US for other reasons in 2003, and Rick and I drove down to see him on Long Island, at the home of some wonderful friends of his, Barry and Delia O'Donovan, who were very gracious when I monopolized him for two/ three hours going over my dual-language typed copy. We got rid of some of the most outstanding errors, and he said I could then do anything I felt like with it. It was around this point that I realized that if a dual-language version was going to happen, I would have to not just suggest it but push it, since the motivation was more mine than his. I then enlisted the help of Brother Cathal Ó Cuinn of Iona College, who had written *Éire – Óige na Tíre,* a fun and interesting reader for us Irish-language enthusiasts, and he and a friend of his, Muiris Ó Bric, kindly read the text carefully, corrected the next level of mistranslations, and made many other useful suggestions. These included using the Irish for place-names, and not trying so hard to make the translation literal that its meaning was lost in artificial English constructions for natural Irish idioms. Since then, Father Ó Fiannachta and I worked together on two occasions, first on the translation, when he was in the US in May of 2004 to receive an honorary degree from Sacred Heart University in Fairfield, Connecticut, and then on the footnotes, when Rick and I made our fifth trip to Dingle in September 2004.

So, here it is. I have no intention of making the claim that I'm the sole translator of this (more of a cheerleader, actually), or the ideal translator of anything. In fact, translation itself, as I've learned, is not an ideal process for poetry, even narrative poetry. If I were a native speaker of both languages, there would still be some loss of the layers of meaning of the words Father Ó Fiannachta has chosen – had Lazarus' sister Mary spent her life in Cork "in debauchery", or "with trash"? The Irish can carry both meanings together, but one has to be chosen in English. Some of the alternate meanings can be snuck into the footnotes – "bright love" as a footnote, "sweetheart" in the text – but more are lost. So, if you have time, we hope you'll use the book to learn your Irish, and enjoy the poem in the original. Otherwise, enjoy it from the right side pages, and remember it's at least close. I have one suggestion – don't rush through it and put it away. You won't take in the Rose Window in Notre Dame if you bicycle past it, and you won't get the *Léim* experience in an efficient American speed-read. *Tog bóg é* ("Take it easy"), as the Irish say, because "The man who made time made a lot of it."

NATALIE TRUMP

Léim an Dá Mhíle

nó

*Gaililí agus Iarúsailéim
ag Baile Againn*

Jesus in Dingle

An Daingean le Cnoc Bréanainn thiar ar chlé agus Cnoc an Chairn n...

An bóthar ó Bhaile Móir sia...

*ire / Dingle with Mount Brandon back left and Cnoc an Chairn nearer

e road from Baile Móir west

I
Íosa ag an gCé sa Daingean

Ní os comhair an tsáipéil
A bhí Críost ag caint an lá úd
Ach thiar ag Bun Calaidh
Agus amuigh ar Cheann an Ché.
Bhí Jackie Nellie ann
Agus Meáig Finton ina lóipíní,
Agus na Flannúraigh
Agus na Múraigh agus na Brosnachánaigh
Agus cuid mhaith Flaitheartach.
Bhí Síomón agus Aindí Beag
I mbun a mbáid agus a líonta.
Bhí an oíche caite acu
Ar thóir scadán—bhídís-sean
Ag teacht isteach an uair úd
Go Cuan an Daimh Dheirg,
Ach goidé an mhaith sin dóibhsean an oíche sin?
Breac ní raibh marbh acu tar éis a gcallshaoth.
Bhí cuid de na hiascairí ansiúd sa bhfoithin
Ag éisteacht le hÍosa
Ach ba dheacair dóibh é a chlos
Mar bhí brú mór daoine ag bailiú ann—
Ó Dhún Chaoin, ó Pharóiste Mórdhach,
Ó Pharóiste Fionntrá, ón nGairtheanaigh
Agus soir amach go Cinn Aird—
Bhí gasra mór ann ón mBinn Aird.
Bhí cuid bheag de cheannaitheoirí
Agus de lucht gnó an Daingin ann …

Ba ghearr gur thuig Íosa ná raibh seans
Ag cuid mhór den mhathlua
É a chlos ar aon chor.
Sméid sé ar Shíomón, sea agus ghlaoigh amach air.

I
Jesus at the Pier in Dingle

1 It wasn't in front of the church
   That Christ was talking that day,
   But back at Bun Calaidh
   And out on Ceann an Ché.
5 Jackie Nellie was there,
   And Meáig Finton in her lóipíní,
   And the Flannerys
   And the Moores and the Bresnihans,
   And a good many of the Flahertys.
10 Simon and Little Andy were there
   Looking after their boat and their nets.
   They'd spent the night
   Going after herring—which used to
   Come in
15 To Cuan an Daimh Dheirg at the time.
   But what good had that been to them on that night?
   They hadn't killed a single fish after all their drudgery.
   Some of the other fishermen were there in the shelter
   Listening to Jesus,
20 But they found it hard to hear him
   Because there was a good crowd milling around there—
   From Dunquin, from the Parish of Moore,
   From the Parish of Fionntrá, from Gairtheanach
   And all the way east over to Cinn Aird—
25 There was a large group from mBinn Aird.
   There was a limited selection of the merchants
   And business people of Dingle there ...

   Soon it was clear to Jesus that
   A lot of the crowd
30 Wouldn't be able to hear him at all.
   He gave Simon the nod, and called out to him.

Tháinig.
"Sea, a Shíomóin, an ndéanfá gar dom?"
"Ó, dhéanfainn agus é. Cad é?"
"Mé a scaoileadh isteach sa bhád sin agat
I dtreo go bhféadfadh an pobal mór so mé 'chlos."
"Isteach leat inti agus fáilte.
Ach seachain agus ná sleamhnaigh,
Agus ná báitear tú idir bád agus port."
"Ní baol dom," arsa Íosa
Ag preabadh isteach go haicillí.
Shuigh sé síos ar an tríú tochta.
Fhliuch sé faithimí a bhéil agus thosnaigh air:
"An té a bheireann ar dhá bhreac
Tugadh sé ceann don té nár bheir ar aon cheann.
("Nach mar sin a dhéanann Eugen," arsa fear ó
    Bhaile Móir.
"Nach minic a dhein Tomáisín mar sin le Rhynó,"
    arsa duine eile.)
"An té a iarrann maide rámha ort
Tabhair péire dó, agus dolaí chomh maith.
An té a thiteann sa díg ar meisce,
Tóg aníos é agus tabhair abhaile é …
Féach mar a thagann an faoileán agus an braghall
Slán trí gach stoirm …"
Is maith a thuig Síomón is Aindí agus na hiascairí eile
An sórt sin cainte, cé gur chuir sé iontas orthu
Gur thrácht sé ar fharraige is ar iascach
Agus ar mhaidí rámha agus ar fhaoileáin.
"Nach siúinéir é seo," arsa Aindí i gcogar
"Mac Iósaef, beannacht Dé leis,
É siúd a chuir na fuinneoga isteach do Mhatha
An bailitheoir rátaí, cúpla bliain ó shin."

Nuair a stad Íosa den chaint
Bhog an slua leo, cuid acu isteach go Peigí
Chun piunt a bheith acu,

He came.
"Hey, Simon—would you do me a favor?"
"Sure, yes, of course. What is it?"
35 "Let me into that boat of yours
So this big crowd can hear me?"
"Get in, then, and welcome.
But take care and don't slip,
And don't be drowned between boat and pier."
40 "I'm in no danger," said Jesus,
Jumping in nimbly.
He sat down on the third thwart.
He wet the edges of his lips, and started off:
"The man who catches two fish
45 Should give one to the man who didn't catch any."
("Doesn't Eugene always do so," said a man from
    Baile Móir.
"Isn't it often Tomaisín did so with Rhyno," said
    another.)
"If someone asks you for an oar,
Give him the pair, and the thole-pins as well.
50 If anybody falls in a ditch in his drink,
Pick him up, and take him home ...
Look how the seagull and the cormorant
Come safe through every storm ..."
Simon and Andy and the other fishermen understood
55 This kind of talk very well, though it surprised them
That he talked of the sea and fishing,
And oars and seagulls.
"Isn't he a carpenter?" asked Andy in a whisper,
"The son of Joseph, God's peace on him,
60 The one that put in the windows for Matthew
The tax collector, a couple of years ago."

When Jesus stopped talking,
The crowd moved off, some of them into Peggy's
To have a pint,

"Tair agus lean mise"
"Come and follow me"

Na mná go John Long chun bun a fháil
Agus na leanaí ag rith sall go Meáigí Devane
Chun uachtar oighre a fháil.
D'fhan a lán des na hiascairí
Mar a rabhadar, cuid acu ag croitheadh a gcinn,
Cuid eile acu ag réiteach le gach focal dá ndúirt sé.
"Sea, a Shíomóin agus a Aindí," arsa Íosa
"Cuiríg buille inti agus amach libh tamall
Agus déanaíg cor—fuil an scadáin oraibh!"
"Tá an oíche aréir caite againn ag iascach
Ach níor bhuail oiread agus breac linn," arsa
   Síomón
Agus ba dhóbair dó a rá:
"Cén tuiscint atá ag siúinéir de do leithéidse
Ar chúrsaí iascaireachta?" ach níor lig an náire dó é.
Bhí diamhaire éigin ag baint leis an bhfear seo.
Bhí Sláidín, Poll an Daimh,
Pointe Leighin, an Duga,
Súil an Droichid, an Chluais, an Chois,
Agus Béal na hAbhann triailte acu an oíche roimhe sin.
Díreach amach ón gCé a dheineadar cor an uair seo.
Ní fada a bhí na líonta amuigh acu
Nuair a chonacadar an corc ag dul faoi.
Chromadar ar tharraingt.
N'fhéadfaidís an t-iasc go léir
A thógaint ina mbád féin—
Bhí Íosa mar ualach breise acu.
Ghlaodar ar Shéamas agus ar Eoin
Agus thógadarsan cuid den iasc.
Níor bhris an líon agus níor cailleadh breac.
Síomón is túisce a labhair nuair a bhí an bheart
   déanta
Na báid lán agus na líonta slán.
"Imigh uaim, a Thiarna," ar sé
"Mar is peacach mé."
Is maith a thuig Íosa go raibh Síomón gafa aige

65 The women to John Long's to get a bun,
And the children running over to Meáigí Devane's
To get ice cream.
A lot of the fishermen remained
Where they were, some shaking their heads,
70 Others agreeing with every word he said.
"All right, Simon and Andy," said Jesus,
"Put a few strokes in her and go out a bit
And make a cast—May you get herring!"
"We just spent last night fishing
75 And we didn't meet with as much as one fish," said Simon,
And he was near to saying:
"What does a carpenter like you know
About fishing?"—but shyness didn't let him.
There was something awesome about this man.
80 They had tried Sláidín, Poll an Daimh,
Lyne's Point, the Dock,
Súil an Droichid, the Cluais, the Cois,
And Béal na hAbhann the night before.
It was directly out from the Quay
85 They shot the nets out this time.
They hadn't had the nets out long
When they saw the cork going under.
They started hauling.
They couldn't take all the fish into their own boat—
90 Jesus was an additional load to them.
They called to James and John,
And they took some of the fish.
The net didn't break, and not one fish was lost.
Simon was first to speak when they'd succeeded and were all done,
95 The boats full and the nets safe.
"Leave me, Lord," he said,
For I'm a sinner."
Jesus knew well that he had caught Simon,

Agus go ndéanfadh sé iascaire fónta
Ar dhaoine cibé scéal ag iascach breac é.
Dúirt leis: "Tair agus lean mise,
Agus déanfaidh mé iascaire ar dhaoine díot."

Notes: Jesus at the Pier in Dingle

3 **Bun Calaidh** – a place-name meaning "The Base of the Pier"
4 **Ceann an Ché** – "The End of the Quay".
6 **Lóipíní** were socks without bottoms, worn when going without shoes.
13 Overfishing has killed the herring that used to come into Dingle Harbor.
15 **Cuan an Daimh Dheirg** – "Red Deer Harbor". An earlier name for Dingle Harbor. Irish placenames that are not strictly descriptive often refer to an event or legend connected with the place.
23 **Fionntrá** – "The Fair Strand" or "The Fair Beach". English – Ventry.
23 **Gairtheanach** – "Rough Pasture". English – Garfinney. The Irish form is the dative case.
24 **Cinn Aird** – "Headland of the Height". English – Kinnard. The Irish form **Cinn** is an old dative case.
25 **mBinn Aird** – "Peak of the Height". English Minard; **mB** is a mutated form of **B**.

And that he'd make a fine fisherman
100 Of people, whatever about his fishing for fish.
He said to him "Come and follow me,
And I will make you a fisher of men."

42 **Thwart** – 'seat'.
43 "**Wet the edges of my lips**" is a phrase that was often used by the Blasket Island storyteller Peig Sayers, to describe herself starting off on a story.
46 **Baile Móir** – "The settlement of the townland of Mór (The Goddess of Sovereignty)". English – Ballymore.
47 **Rhyno** – a nickname for Tom Brosnan.
49 **Thole-pins** on a curragh take the place of oarlocks, holding the oar in place but allowing for greater leverage.
63 **Peggy's** – Peggy Manning's pub.
73 "**May you get herring!**" – Literally, "The blood of the herring be on you!" – a way of wishing good luck to fishermen starting out. It might typically be called by someone in a boat to one fishing from the shore.
80 **Sláidín** – Possibly meaning "Muddy Sand".
80 **Poll an Daimh** – "Stag's Hole" – A deep sea water pool near the entrance to Dingle Harbor.
82 **Súil an Droichid** – "The Eye of the Bridge".
82 **Cluais** – "Ear (-Shaped) Bank".
82 **Chois** – "Foot (-Shaped) Bank". **Ch** is a mutated form of **C**.
83 **Béal na hAbhann** – "The Mouth of the River".

II
Íosa i gCeann Sléibhe

Níor dhein sé aon mhoill i mBaile Móir.
Bhí sé róluath sa lá agus ní raibh aon duine ag an
   dtobar.
Chaith sé tamall ar an bhFaiche i gCeann Trá
Ag caint le lucht na gcapall agus ag cur tuairisc
   Mhaidhcín.
Bhí Bríde Bhán sa doras agus thug sé a bheannacht
   di.
An Poll Gorm siar a ghabh sé
Agus gan fágtha ina theannta anois ach na
   h-*aspail*
Mar a bhí le tabhairt orthu siúd a d'fhreagair a
   ghlaoch.
Tháinig cuid de mhuintir Chill Uru, Cáit Ní Shé
Agus an bheirt iníon chríonna,
An Clasach anuas ag éisteacht leis.
Chuir san an-ionadh ar mhuintir Ard an Bhóthair
Nár bhac in aon chor leis.
Ghuigh sé an rath ar Cháit is ar a clann
Agus fágann sin, dar le daoine,
Go bhfuil a lán dá síol sa dúthaigh fós.
Ní raibh tigh Pháidí Sé tógtha an uair sin
Agus ní raibh Beatrice tagtha go hArd an Bhóthair.
Scaoileadh leanaí Scoil Chill Mhic an
   Domhnaigh
Amach ón rang chun go mbeannódh sé iad.
Bhí seandaoine ansiúd ag iarraidh iad a choimeád
   siar uaidh.
"Ligíg dos na leanaí teacht chugham," ar sé i
   nGaelainn na háite,
"Mar is leothu san ríocht na bhflaitheas."

II
Jesus in Ceann Sléibhe

1 He wasted no time in Baile Móir.
It was too early in the day, and there was nobody at the well.
He spent a while on the Green in Ceann Trá,
Talking with the riding stable people, and inquiring for Mikeen.
5 Bríde Bhán was at her door, and he gave her his blessing.
He went back by the Poll Gorm,
And remaining in his company now were only the *apostles*,
As they would come to be named who answered his call.
Some of the people of Cill Uru, Cáit Ní Shé
10 And her two eldest daughters,
Came down the Clasach to hear him.
That surprised the people of Ard an Bhóthair,
Who took no notice of him at all.
He blessed Cáit and her children,
15 And that's the reason, people think,
That a lot of her offspring remain in the area to this day.
Páidí Sé's pub wasn't built at that time,
And Beatrice hadn't come to Ard an Bhóthair.
The children of Cill Mhic an Domhnaigh School were let out
20 From class so that he might bless them.
Some adults there were trying to keep them away from him.
"Let the children come to me," he said in the local Irish,
"For the Kingdom of Heaven is theirs."

Bhogadar leo faobhar na faille siar.
Bhain sé féin is na haspail lán na súl
As an radharc amach ó Fhán—
Uíbh Ráthach, Dairire, na Scealga
Agus timpeall chun na bhFeoibh, Inisicíleáin, agus
    Inis na Bró …
Dhruideadar isteach ón mbóthar ag Cuas an
    Ghleanna.
"Cathair ar chnoc ní féidir a cheilt,"
A dúirt sé ag féachaint uaidh suas
Ar thithe na gCearnach sa Ghleann.
Níodar a gcosa san abhainn.
Bhí súil chirce ar chiotóig Eoin.
Nigh agus ghlan Íosa é.
Ba ghearr gur bhraith Eoin feabhas air.
Chaitheadar tamall sa lúib
Agus bhailigh slua timpeall orthu,
Cuairteoirí agus geangailéirí cuid mhaith acu,
Gearmánaigh ina measc go raibh trua acu
Dos na bochtáin seo mar a shíleadar.
"Cé hé mo dhuine?" a deiridís.
"Duine ón áit, is dóigh liom."
"Dhera éist, nár chualaís
Faoi na rudaí iontacha atá déanta aige.
Sea agus na cainteanna aite a bhíonn aige."
"Ab é Eoin Baiste é? Ab é Éilias é,
An té a tógadh suas chun na bhflaitheas?"

Chuala Íosa cuid den chaint seo.
D'fhéach sé sall ar Shíomón.
"Cé a deir siad is mé?" ar sé leis.
"Cuid acu Eoin Baiste, a thuilleadh Éilias,
Nó duine des na fáithe."
"Cé a deir *tusa* is mé?"
"Is tú an Críost, Mac Dé Bhí
A tháinig isteach sa tsaol."

They ambled along the edge of the cliff.
25 He and the apostles took in wide-eyed
The view out from Fahan—
Uíbh Ráthach, Dairire, the Scealga,
And around to the Feoibhs, Inisicíleáin, and Inis na Bró.
They moved in away from the road at Cuas an Ghleanna.
30 "A city on a hill can't be hidden,"
He said, looking up
At the houses of the Kearneys up in the Glen.
They washed their feet in the river.
There was a súil chirce on the sole of John's left foot.
35 Jesus washed it and cleaned it.
John soon felt it was a bit better.
They spent a while in the nook
And a crowd gathered around them,
Tourists and hippies, a good many of them,
40 Among them Germans who pitied these wretched poor, as they thought them.
"Who's that fellow?" you'd hear.
"One of the locals, I think."
"Ah, be quiet!—haven't you heard
About the astounding things he's done,
45 Yes, and the strange talk he goes on with?"
"Would he be John the Baptist? Would he be Elias,
The one who was taken up into heaven?"

Jesus overheard some of this talk.
He looked over at Simon.
50 "Who do they say I am?" he asked him.
"Some say John the Baptist; more, Elias
Or one of the prophets."
"Who do *you* say I am?"
"You're the Christ, the Son of the Living God,
55 Who came into the world."

"Is beannaithe tú, a Shíomóin
Mhic Ióna, mar ní fuil agus feoil
A d'fhoilsigh duit é
Ach m'Athair atá sna flaithis.
Agus deirim gur tú Peadar, Carraig,
Agus ar an gcarraig seo a thógfad m'eaglais
Agus ní bhuafaidh geataí ifrinn ort."
Tháinig taom bróid agus mórtais ar Pheadar
Agus é ag féachaint timpeall
Ar na carraigeacha daingne lenar samhlaíodh é.
"Mo ghraidhin croí thú, a Íosa, a Ungthaigh," ar sé.
Ach ansin bhuail scáth agus cúthaile arís é
Agus chúb sé chuige féin.
Lean Íosa air ag caint leis an slua.
"Is gearr go gcaithfeadsa dul síos arís go Baile Átha
    Cliath.
Tabharfar os comhair na cúirte mé,
Daorfar mé agus céasfar mé."
Baineadh an-phreab as Peadar.
"Nach tú an Críost, an tUngthach.
I bhfad uait a leithéid sin!"
"Gabh laistiar díom, a Shátan.
Ní bhfaigheann tú blas ach ar nithe an tsaoil seo."
Ba gheall le cic sa tóin do Pheadar
A rá go raibh Sátan ag labhairt as a bhéal.
Las sé le náire shaolta.

"You are blessed, Simon son of John,
Because it isn't flesh and blood
That revealed this to you,
But my Father in Heaven.
60 And I say that you are Peter, Rock—
And upon this rock I will build my church
And the gates of hell will not overcome you."
A fit of pride and haughtiness came on Peter
As he looked around
65 At the sturdy boulders he was being likened to.
"How wonderful you are, Jesus, Messiah!" says he.
But then he got shy and timid again
And shrank back into himself.
Jesus went on talking with the crowd.
70 "Soon I'll have to go back up to
    Dublin.
I'll be taken before the court,
Condemned and crucified."
This was a terrible shock to Peter.
"Aren't you the Christ, the Anointed!
75 Far be that from you!"
"Get behind me, Satan.
You savor only the things of this world."
It was like a kick in the behind to Peter
To say that Satan was talking through him.
80 He blushed with shame.

Notes: Jesus in Ceann Sléibhe

Ceann Sléibhe – "Head of Mountain". English – Slea Head.
3 **Ceann Trá** – "The End of the Strand". Ventry is the name incorrectly given in English to the village of Ceann Trá. The more correct use of Ventry is for the beach itself, Fionn-Trá – "Fair Strand".
4 **Mikeen** – "Michael" Long, who owned the stables. ("He was great fun!" – P. Ó Fiannachta.)
5 **Bríde Bhán** – "Fair Bridie", an old blind lady who lived at a fork of the road, which still bears her name.

"Dhruideadar isteach ón mbóthar ag Cuas an Ghleanna"
"They moved in away from the road at Cuas an Ghleanna"

6 **Poll Gorm** – "Blue Hole". The name given to a road through a stretch of marshy ground where reeds having a blue-green colour grow in abundance.
9 **Cill Uru** – **Cill** means a church or chapel; the meaning of **Uru** is uncertain.
9 **Cáit Ní Shé** was a widow with five daughters, who managed to 'fortune' – give dowries, to each of them. She lived in the area and many who live there now are related to her. The name would be rendered in English as Kate O' Shea, but the actual meaning is Kate the daughter (iníon) of the grandson (Uí) of Sé (iníon Uí is contracted to Ní).
11 **Clasach** – "Trenched Road". The mountain road to Dunquin.
12 **Ard an Bhóthair** – "The Height on the Road". English – Ardavoher.
17 **Páidí Sé** – A famous footballer and trainer who opened a local pub.
18 **Beatrice** – Páidí Sé's mother, originally from Sligo.
19 **Cill Mhic an Domhnaigh** – "Church of the Son of Sunday". The Son of Sunday refers to Jesus.
24 This line echoes a well-known line from Séan Ó Ríordáin, the best loved modern Irish poet.
26 **Fahan** – "Slope".
27 **Uíbh Ráthach** – The name of the other peninsula that encloses Dingle Bay. It is the dative form of a tribal name. English – Iveragh.
27 **Dairire** – "Oakwood". The English name for it is Valentia Island.
27 **Scealga** – "Crags". English – The Skelligs.
28 **Feoibh** – A Norse borrowing, meaning "rocks". The farthest-out rocks of the Blasket archipelago. English – Feoivs.
28 **Inisicíleáin**. The name is a shortened form of Inis Mhic Uíbhleáin – "Island of Mac Uíbhleáin."
28 **Inis na Bró** – "The Island of the Quern". From a distance this island looks like a saddle quern.
29 **Cuas an Ghleanna** – "The Creek of the Glen".
34 **Súil chirce**. Literally "hen's eye" – the black spot in the center of a stone-bruise.
65 This refers to the rock walls at Cuas an Ghleanna.
66 The phrase "**mo ghraidhin croí**" is based on graidhin which means shouts of exultation, and croí which means heart. It's roughly equivalent to "Bravo!"
70 **Síos** can mean "north".

III
Íosa ar ais sa Daingean

Triúr a bhí i dteannta Íosa an lá seo
Agus iad ag déanamh suas ar an ospidéal mar
Stad an chuid eile des na haspail ag an *Holey Stone*
Ag déanamh ionadh de.
Ní dócha go raibh aon fhonn rómhór orthu
Dul suas go dtí seanaThigh na mBocht.
Ní raibh fhios acu go raibh sé cóirithe feistithe
Chomh maith agus atá sé.
Bhí aonach muc sa Daingean an lá sin
Agus chuir Pilib an-spéis ann,
Mar go raibh dúil aige sa mhuiceoil.
Tar éis an tsaoil, níor Ghiúdach in ao' chor é
Ach ó thaobh a mháthar agus bhíodh
Bagún acu anois agus arís nuair a bhíodh sí
'Mithe ar thuairisc a máthar.
D'áitigh sé ar an gcuid eile dul isteach
I bPáirc Aonach na Muc.
Ba ghearr go raibh duine, beirt, triúr …
Sea, an naonúr acu ar fad, istigh agus iad
Ag caint is ag cadaráil le díoltóirí agus le ceannaitheoirí
"An mór ar an gcéis bhreá san," arsa Iúdás
Le Laoitheach ó Bharra an Chuasa
Agus é ag síneadh a mhéire i dtreo
Muice breáithe méithe.
"An bhfuil aon fhonn ort í a cheannach?"
Arsa mo dhuine leis.
"Ní mór é, inniu pé scéal é, ach díreach lena fháil amach
Conas atá an t-aonach."
"Dá mbeadh aon mhaith san aonach ní bheadh an
    oiread san
Des na muca sna cosa againn."
Sea, bhí na daoine muinteartha

III
Jesus Back in Dingle

1   There were only three in Jesus' company this day
    As he was making his way up to the hospital, because
    The rest of the apostles stopped at the Holey Stone,
    Admiring it.
5   It's likely they had no great wish
    To go up to the Old Poorhouse.
    They didn't know it was renovated and fixed up
    As well as it was.
    There was a Pig Fair in Dingle that day,
10 And Philip was very interested in it,
    Because he enjoyed his bacon.
    He was Jewish only
    On his mother's side, and they'd had
    Bacon now and again when she was
15 Away visiting her own mother.
    He persuaded some of the others to go into
    The Pig Fair Field.
    Soon there were one, two, three …
    Yes, the whole nine of them inside,
20 Talking and chatting with the sellers and the buyers.
    "How much for that big fat pig?" said Judas
    To Leahy of Barra an Chuasa,
    Pointing his finger in the direction
    Of a fat, healthy-looking pig.
25 "Is it that you'd be interested in buying her?"
    Your man said to him.
    "Not greatly, today anyway, but just to find out
    How the fair is."
    "If the fair were any good,
        we wouldn't have
30 Such a lot of pigs running around between our legs."
    Yes, the people were friendly,

Ach "ca'bh'os duit", mar a dúirt an fear
"Nach *job*éirí iadsan a bheadh ag iarraidh lámh a
   dhéanamh orainn."
Níor bhraitheadar an lá ag sleamhnú leis
Agus an ghrian ag déanamh siar ar Shliabh an Fhiolair.
"Tá sé in am greim a dh'ithe," arsa Aindrias,
"Cad déarfadh sibh le dul sall go Barr na Sráide?"
"Tá sé chomh maith againn," arsa Parthanán
"Má tá aon phingin sa spaga ag Iúdás.
Beidh Sé Siúd tamall ag tabhairt faoisimh
Dos na heasláin bhochta ansiúd thuas."

Mar sin a bhí.
Isteach leis go neafaiseach agus ar chlé ar dtús,
Peadar Séamas agus Eoin ina dhiaidh aniar.
Seanmhná a bhí ansúd roimis
   agus d'aithin
Gach duine riamh acu é.
Chuir sin iontas ar an mbanartla.
"Ach ná bímid ag caint leis na' haon lá,"
A dúirt Lís léi.
"Druid i leith chugam agus leag do lámh
Ar mo cheann bocht," arsa Joan, "tá tinneas cinn orm
Leis na blianta."
Chuaigh sé sall chúithi, leag a lámh ar a ceann
Agus ansin chrom síos agus thug póg dá héadan
Agus chimil an t-allas de.
"Mo chroí'stigh," ar sí, "is cuma liom
   anois,
Bead chugat sara fada."
Bhí an-fháilte ag Nellie roimis sa bharda mór.
"Céad fáilte romhat, a Mhic na Dea-Mháthar,"
Ar sí, "óm' báthair féin is túisce a chuala
   trácht ort.
Ach is beag a shílíos riamh
Go dtiocfá anso isteach ar ár dtuairisc

But "How do you know"—as the man said—
"That these aren't jobbers trying to pull a fast one on
   us?"
They didn't notice the time passing
35 And the sun going back toward Sliabh an Fhiolair.
"It's time we had a bite to eat," said Andrew.
"What would you say we go over to Barr na Sráide?"
"We may as well," said Bartholomew,
"If there's a penny in Judas' purse.
40 Himself, above, will be a good while consoling
The poor sick ones up there."

And so it was.
He drifted in casually, first turning left,
Peter, James and John trailing after him.
45 It was old women he met with first, and each and
   every one
Knew him.
This surprised the nurse.
"But aren't we talking to him every day?"
Said Liz to her.
50 "Come here to me and lay your hand
On my poor head," said Joan. "I've had a headache
For years."
He went over to her, laid his hand on her head
And then bent down and kissed her forehead
55 And wiped the sweat from it.
"Oh, my heart within me," she said, "Now I don't
   mind it.
"I'll be on my way to you before long."
Nellie gave him a warm welcome to the big ward.
"A hundred welcomes to you, Son of the Good Mother,"
60 She said. "It was from my own mother I first heard
   mention of you,
And it's little I ever thought
That you'd come in here visiting us,

Agus an oiread san daoine eile mór le rá
Go bhfuil gá acu le comhairle uait."
"Níl a bhac orthu súd teacht ag éisteacht liom
    aon lá.
Ach ar ndóigh is mó cúram eile a chuireann
Mo chaintse as a gceann.
Ná bac san.
Tá d'ualach á iompar agat le foighne.
Is maith an scoláire tú ar mo scoilse
Pén scéal é ag Scoil na Leataithe tráth.
Anois tá mo chuingse so-iompair agus m'ualach
    éadrom."
"Is maith a dúirís é, agus abair arís é
Agus beidh san agam ina shólás is mé anso liom féin."
"Ní leatsa amháin, a Nellie a chuid, a deirim é ach
Leis an saol mór cráite: tagaíg chugamsa,
Sibhse go léir go bhfuil saothar agus tromualach oraibh
Agus tabharfaidh mé faoiseamh daoibh,
Óir tá mo chuing so-iompair agus m'ualach éadrom."
"Mo ghrá deoil thú!
Cuireann tú ardú croí orm.
Ach seo leat suas sa chúinne anois
Go Caitlín. Níl sí anso ach cúpla lá
Agus tá an-uaigneas ar an mbean bhocht.
Ó Ghleann Fán ab ea í ar dtúis.
Thagadh sí go halla Cheann Trá nuair a théinn féin
    ann.
Seo, suas leat agus ná bímse ag cur do chuid ama
    amú ort."
"Ní ham amú é seo ach sásamh croí
Go bhfaighim a leithéid d'éisteacht.
Ach déanfad rud ort."

Níor lean an triúr aspal níos sia isteach é.
Ghlaoigh Nóiní isteach sa chistin orthu
Agus ba ghearr go raibh braon tae déanta dóibh.

What with the multitudes of important people
Who badly need your advice."
65 "There's nothing to hinder them from coming to
   listen to me any day.
But of course, it's many other cares that drive
My talk out of their thoughts.
Never mind that.
You're carrying your own burden with patience.
70 You're a great scholar in my own school
However you once were at Leataithe School.
Now, my own yoke is easy to carry, and my burden is
   light."
"That's well said, and say it again,
And that will comfort me, and me here all alone."
75 "It's not to you alone, Nellie dear, that I say this,
But to the whole troubled world: Come to me
All you who labor and have heavy burdens on you,
And I will refresh you,
For my yoke is easy, and my burden light."
80 "Bless you my nurseling, you!
You give my heart such a lift!
But here, up with you to the corner now
To Caitlín. She hasn't been here but a couple of days
And the poor woman is very lonesome.
85 She's from Gleann Fán originally.
She used to go to Ceann Trá dance hall when I used
   to myself.
Here, go ahead, and don't let me be wasting your
   time."
"This time isn't a waste; it's the delight of my heart
To be getting such a hearing!
90 But I'll do as you wish."

The three apostles didn't follow him further in.
Nóiní called them into the kitchen
And soon there was a drop of tea made for them.

Fuaireadar cantam deas d'arán tí chomh maith.
"Nach breá blasta an bhollóg í," arsa Peadar.
"Níos fearr ná mar a dhéanfadh mo mháthair féin í
Lá dá raibh," arsa Séamas.
"Ná halp é go léir," arsa Eoin leis,
"Fág greim aige féin. Is fearr leis é ná an builín."
"Caithfir braon tae eile a fhliuchadh dó súd,
A thaisce," arsa Peadar le Nóiní.
"Beidh sé tamall maith istigh sna bhairdeanna."
Agus sin mar a bhí.
Bhí sé deas teolaí sa chistin
Agus bhraitheadar go raibh an-fháilte rompu.
Ba ghearr go raibh duine ag méanfaíoch, duine eile
Ina chnap codlata agus ansan go hobann—
Srann a lig Peadar as a dhúisigh iad a dtriúr
  de gheit.

Chuaigh Íosa sall go Caitlín.
Bhí sí ina lándúiseacht.
D'éirigh aniar sa leaba
Agus shín a dhá láimh amach roimpi
Ag cur na fáiltí geala roimis.
"Fáilte agus fáilte agus fáilte agus fiche
Roimh Mhac Rí na nGrás is na Maighdine Muire!"
"Mo chugam aduaidh ó Bhaile Dháith thú!"
Arsa Íosa léi, agus chrom síos agus lig di
Barróg a bhreith air agus é a phógadh.
Scaip an scailp dá croí.
Nach léi a bhí an t-ádh, a cheap sí anois
A bheith anso istigh roimis
Agus an dochma a bhí uirthi ag teacht.
"Is minic a thugais cuireadh dom, a stór,"
Arsa Íosa léi, "agus bhí sé thar am agam."
"Nach cuma sin. Is é mo choileach a ghlaoigh inniu.
Níl mairg sa tsaol orm anois."
"Beadsa ag imeacht anois, a thaisce," arsa Íosa léi

They got a nice slice of homemade bread, too.
95 Isn't it the good tasty loaf," said Peter.
"Better than my own mother would make
In the old days," said James.
"Don't gobble it up entirely," John said to him.
"Leave a bite for himself. He prefers it to shop bread."
100 "You'll need to wet another drop of tea for him,
My treasure," said Peter to Nóiní.
"He'll be a good while yet in the wards."
And so it was.
It was nice and cosy in the kitchen
105 And they felt very welcome.
Soon one began to yawn, another
Was fast sleep, and then suddenly—
Peter let out a snore that awakened the three of them with a start.

Jesus went over to Caitlín.
110 She was wide awake.
She sat up forward on the bed
And held her two hands out in front of her,
Welcoming him most brightly.
"Welcome and welcome and welcome plus twenty
115 To the Son of the King of Graces and the Virgin Mary!"
"Why look at you! All the way from Baile Dháith!"
Jesus said to her, and bent down to let her
Give him a hug and kiss him.
The weight lifted from her heart.
120 Wasn't she lucky, she thought now,
To be in here before him—
And how she'd dreaded coming!
"It's often you invited me, my treasure,"
Said Jesus to her, "and it was about time I came."
125 "That doesn't matter. It's my rooster that crowed today!
I don't have a worry in the world now."
"I'll be leaving now, treasure," Jesus told her

"Ach bead chugat arís sara fada
Agus ansin beimid féin is na cairde
I gcomhluadar a chéile go deo.
Is mó scéal a bheidh ag Tomás is Pheaid
  is Bríd duit!"
Shleamhnaigh sé leis amach.

Síos leis go dtí an seomra lae.
"Nach deas na pictiúirí iad san ar an bhfalla!"
Ar sé nuair a tháinig sé isteach.
Dhúisigh an chaint sin a raibh istigh.
"Fáilte romhat a Rí na nAingeal!"
Ar siad as béal a chéile.
"Beatha agus sláinte agus grásta chugaibh!" ar seisean.
"Cé dhein an pictiúr deas den dtigh agus
An triúr ina seasamh os a chomhair?"
"Mise a dhein é sin," arsa Máire Ní Shé.
"Sin iad m'fhear céile, mé féin agus an leanbhín
Ná raibh agam ach uair a' chloig.
Táim á chaoineadh ó d'fhág sé mé."
"Ná bí á chaoineadh anois a thuilleadh, a chroí.
Tá seanaithne agam air sna flaithis.
Tá coinneal álainn céarach ar lasadh aige
Chun tú a threorú ar an mbóithrín caol."
"Nach maith an scéal nua a thugais chugam inniu.
Ní dúirís é sin riamh cheana liom nuair a bhíteá ag
  caint liom."
"Dá shia an feitheamh is suairce an réiteach!"
"Moladh is buíochas leat," ar sí agus bhris a gol
  uirthi
Agus níor le brón é, ach le barr áthais.
"A Chríost," ar sí, "dá mbeadh mo dhá chois
  fós fúm
Raghainn ag rince leat!
Anois is cuma liom an bhfaighidh siad ceann eile dom
Nó ná faighidh siad."

"But I'll be coming back to you again before long,
And then we and all our friends
130 Will be together forever.
Tomás and Peaid and Bríd will have a great many stories for you!"
He slipped on out.

Down he went to the day-room.
"Aren't they the lovely pictures here on the wall!"
135 He said when he came in.
His voice woke those who were inside.
"Welcome, King of the Angels!"
They said as one.
"Life and health and grace to you!" says he.
140 "Who made the nice picture of the house and
The three standing in front?"
"'Twas I did that," said Máire Ní Shé.
"Those are my husband, myself, and the little baby
That I had for only one hour.
145 I'm lamenting him since he left me."
"Don't be lamenting any more now, my heart.
I know him well up in heaven.
He has a beautiful wax candle lit
To guide you on the narrow little road."
150 "Isn't it the great news you've brought me today!
You never told me this before when you used to be speaking to me."
"The longer the wait, the sweeter the fulfilment!"
"Praise and thanks to you!" she said, and burst into tears,
And not with sorrow, but with the highest joy.
155 "My Christ," she said, "If my two legs were yet under me
I'd dance with you!
Now it's all the same to me if they get another for me
Or if they don't."

"Dá ndéanfá-sa an rince," arsa bean Bhaile na bPoc,
"Dhéanfainnse an ceol duit."
"Beidh ceol agus rince againn go léir.
Is mó áras atá i dtigh m'Athar.
Raghadsa agus cuirfead áit i gcóir daoibh.
Ní fada a fhanfaidh mé inniu,
Tá daoine eile ag feitheamh liom.
Ach tiocfaidh mé arís
Agus tógfaidh mé chugham féin sibh.
An áit ina mbeadsa, beidh sibhse chomh maith."

Ag rá na cainte sin dó, cé tháinig an treo
Ach Áinín, an mátrún féin.
"Dia leat," ar sé léi, "gura maith agat agus ag na'
   héinne anso
Atá ag déanamh cúraim chomh cneasta dos na sean-
   daoine seo
Agus ag cur fáilte chomh caoin sin romham."
"Dá mhinicí a thagann tú is ea is fearr linn.
Tá sé in am agat braon tae a bheith agat;
Is fadó braon caite siar ag do chairde."
"Aon seans ar dtúis go dtreorófá suas go bhardaí na
   bhfear mé?"
"Lean mise," ar sí, agus chaith sé a chlóca
A fháscadh timpeall air féin agus é ar sodar geall leis
Ag coimeád suas léi.
Bhí sí ar tí dul timpeall á chur in aithne dos na
   fearaibh.
"Gura míle maith agat," ar sé, "tá cúraimí
   eile ort.
Cuirfead mé fhéin in aithne dóibh más gá."
Ach níor ghá é.
D'éirigh Tom Scanlon agus bheannaigh go
   gealgháireach:
"Dé bheatha-sa ó Ghailílí!
Conas tá siad go léir ag baile?"

"If you'd dance," said the woman of Baile na bPoc,
160 "I'd make the music for you."
"We'll all have music and dancing.
There are many dwellings in my Father's house.
I'll go and get a place ready for you.
I won't stay long today—
165 There are other people expecting me.
But I'll come back
And I'll take you to myself.
The place where I'll be, you'll be as well."

As he was saying this, who should come along
170 But Annette, the matron herself.
"God be with you," he said to her. "Thank you and
    all the others here
Who are taking such gentle care of these
    old people
And welcoming me so warmly."
"The oftener you come, the better with us.
175 It's time you had your drop of tea;
Your friends gulped theirs down long ago."
"Any chance you'd first guide me up to the men's
    wards?"
"Follow me," she said, as he tightened his cloak
    around himself,
And was almost trotting to keep up.
180 She was about to go around introducing him to the
    men.
"A thousand thanks to you," he said, "You have other
    chores.
I'll introduce myself to them, if I need to."
But there was no need.
Tom Scanlon rose and greeted him with a joyous
    smile:
185 "Welcome to you, all the way from Galilee!
How are they all at home?"

47

An tOspidéal

The Hospital

"Is trua mar atáid, aighneas is achrann
Bruíon agus bású, ag troid faoin easair fholamh.
Agus clann Ábrahám iad go léir."
"Ní fearr sinn féin.
Ach le do theachtsa, síolfair an tsíocháin."
"Fágaim mo shíocháin agaibh,
Tugaim daoibh mo shíocháin.
Ach ní mar a thugann an domhan
A thugaimse an tsíocháin ..."
"Tar anall anso chugam," arsa an Conchúrach
"Agus leag do lámh orm.
Táim tnáite traochta."
Chuaigh Íosa sall chuige,
Leag a lámh ar a chromán
Agus dúirt: "Le teann creidimh
Tuilleann tú faoiseamh agus bíodh san agat
Le croí maith mór uaimse."
Bhraith sé an doigh teasa
Síos go barr na méar, agus faoiseamh agus fionnuaire
Mar a mbíodh pianta agus piolóidí.
"Céad moladh agus buíochas leat
A lia an choirp agus an anama."
Sall leis go dtí Gealbhánach Léim 'ir Léith.
"Marhaba!" ar seisean leis agus lean air san Arabais.
Bhí blianta caite aige seo sa tSúd-Aráib
Agus sa Tír Bheannaithe féin.
"Kif haleg? Conas tánn tú?" arsa Íosa leis.
"Ar fheabhas," arsa mo dhuine,
Ag éirí aniar sa leaba, rud nár dhein sé
  le fada
Ach le greim a ithe. Lean sé air:
"Tá an-shaol anso agam,
An-aire á thabhairt dúinn.
Bím ag cuimhneamh ort anois agus arís.
Cad a bhíodh ar siúl agat i Nazarat
Sarar chuais amach ag seanmóintíocht,

"It's a pity how they are, fighting and arguing,
Strife and killing, battling over empty trash.
And they're children of Abraham, all of them."
190 "We're no better ourselves.
But with your coming, peace will take root."
"I'll leave my peace with you;
I give you my peace.
But not as the world does
195 Do I give peace ..."
"Come over here to me," said O'Connor
"And lay your hand on me.
I'm dead tired."
Jesus went across to him,
200 Laid his hand on his hip,
And said "With strength of faith
You deserve relief, and may you have it
With a full heart from me."
He felt a rush of heat
205 Down to the tips of his toes, and relief and coolness
Where there had been pain and torment.
"A hundred praises and blessings to you,
Healer of body and soul."
Across with him to Galvin of Léim 'ir Léith.
210 "Marhaba!" said Galvin to him and continued in Arabic.
He had spent years in Saudi Arabia
And in the Holy Land itself.
"Kif haleg? How are you?" said Jesus to him.
"Excellent!" he replied,
215 Rising up in the bed, a thing he hadn't done for a long time
Except to eat a bite. He continued,
"I have a grand life here;
Great care is given to us.
I think about you now and then.
220 What did you used to do in Nazareth
Before you went out preaching,

Ag fógairt na Ríochta, mar a deireann tú féin?"
"Ag cabhrú le Seosamh chomh luath agus d'fhéadas,
Agus ag déanamh teachtaireachtaí do Mhuire.
Chuireadh sí ar thuairisc na gcomharsan mé
Má chloisfeadh sí go raibh éinne breoite
Nó in aon ghátar nó ganntar."
"An-bhean!" ar sé agus shín siar arís.
Bhain an Cinnéideach a chaipín de.
Ní bhíodh focal as de ghnáth
Ach tháinig a chaint chuige de phreib:
"Céad fáilte romhat! Conas a tháinís?"
"De shiúl cos an tsráid aníos.
Tá cuireadh agam duit.
Beidh céilí sna Flaithis faoi cheann coicíse
Agus dúirt Bréanainn, fear an Chuasa,
Do chomharsa, liom a rá leat a bheith ann."
"Caithfidh mé bróga nua a fháil
Agus treabhsar …" ar seisean agus cuma na himní
Ag teacht arís air.
"Ní gá duit é. Beidh na' haon ní ullamh romhat.
Tá do chóta bán déanta.
Slán go fóill."

Thit a phíp ó bhéal an Ghearaltaigh
Nuair a chuala sé an chaint seo go léir
Ag an mbalbhán mar a mheas sé.
Ansin chonaic sé chuige anall
Mian na gCnoc Síoraí.
Chrom Íosa agus thóg an phíp
Agus shín chuige ar ais í.
"Bain plubóg aisti, más maith leat,"
Arsa an Gearaltach le hÍosa.
"Is mó atá gá agat féin léi.
Ní raibh aon taithí riamh agam ar a leithéid.
Beannacht Dé le hanamacha na marbh,
Pé acusan é."

Announcing the Kingdom, as you put it?"
"I'd be helping Joseph, from the time I was able,
And running errands for Mary.
225 She'd send me to visit the neighbors
If she heard that anyone was sick
Or in any distress or want."
"Wonderful woman!" he said, and stretched back again.
Kennedy took his hat off.
230 There was never a word from him normally,
But suddenly his speech came.
"A hundred welcomes to you! How did you get here?"
"By walking up the street.
I have an invitation for you.
235 There'll be a céilí in Heaven in a fortnight's time
And Brendan, the Cuas man,
Your neighbor, said to tell you to be there."
"I'll have to get new shoes
And trousers ..." he said,
240 A look of concern returning to him.
"You have no need. Everything will be ready for you.
Your fortune is made.
Good-bye for a while."

The pipe fell out of Fitzgerald's mouth
245 When he heard all this talk
From a mute, as he thought him.
Then he saw coming towards him
The Desire of the Everlasting Hills.
Jesus bent down and picked up the pipe
250 And gave it back to him.
"Take a puff from it, if you like,"
Fitzgerald said to Jesus.
"You need it more yourself.
I was never used to anything like that.
255 God's blessing on the souls of the dead,
    anyway."

"Nach maith uait teacht ar ár dtuairisc agus
A bhfuil de chúraimí ort.
Is minic mé ag cuimhneamh ort
Nuair a bhuaileann taom uaignis mé—
Tusa ag cur allais sa ghairdín agus mise
Ag cur allais ar mo leaba."
"Tá Dia buíoch duit
Ar son do chuid allais ar an gClochán
Agus anso ag déanamh d'anama.
Beimid ag caint le chéile arís sara fada."
Ar sé agus é ag bogadh leis go deas socair
Isteach sa bharda mór.
Bhíodar timpeall an bhoird istigh
Go ciúin socair agus ní héinne acusan
Is túisce a chonaic é, ach Stiofán an mheangadh
   gáire.
Sméid sé anall chuige féin air,
Ach seo lámha na ndaoine ag an mbord
Sínte amach chuige mar bhí sé feicthe acu anois
Agus aithne acu go léir air.
Ní raibh uathu ach greim láimhe a fháil air
Mar go dtabharfadh sin misneach dóibh
Agus go ndéanfadh sé fóirithint.
Níor ghá caint, do labhair na súile
Nuair nár labhair na beola.
D'fháisc sé lámh gach duine acu
Agus leag lámh ar a mbathais
   go grámhar.
Bhain sé Stiofán amach ar deireadh.
"Bhí mo bhean á rá ansan aimsir dinnéir go rabhais
   timpeall
Ach bíonn a lán cainte ag na mná
Agus is dóigh liom gur minic iad ag scaothaireacht
Ag iarraidh misneach a chur orm.
Nach deas uait teacht."
"Bail ó Dhia ort, an focal maith

"Isn't it good of you to come and visit us,
With all the responsibilities you have.
I often think about you
When a fit of loneliness strikes me—
260 Yourself sweating in the garden and me
Sweating here on my bed."
"God is grateful to you
For all the sweating you did at Clochán
And here, making your soul …
265 We'll be talking together again before long,"
He said, moving calmly and easily
   into the big ward.
Those around the table inside were
Relaxed and quiet, and it wasn't any of them
Who saw him first, but Steven, who was always
   smiling.
270 He beckoned him over to himself,
But then the hands of the people at the table
Stretched out to him because now they saw him
And they all knew him.
They wanted only to shake his hand
275 Because that would give them courage
And good spirits.
No need of talk, for the eyes spoke
While the lips didn't.
He squeezed each one's hand
280 And laid his own hand on the head of each affection-
   ately.
He reached Steven last.
"My wife was saying at dinnertime that you were
   around,
But women do have a lot of talk,
And I think that often they're exaggerating,
285 Trying to encourage me.
Wasn't it wonderful of you to come."
"God bless you, you always have the good word for

Agat i gcónaí do Dhia agus do dhuine."
"Agus canathaobh ná beadh—
Éinne a tógadh i mBaile an tSléibhe
I gcóngar na Cathrach Léith
Agus radharc aige ar iontaisí Dé
Ó Bhaile Móir go Cill Mh'Earnóg
Is má chasann timpeall ón Maoileann thiar go
Bruithineach, go Clasach is go Cruach Mhárthain
Go Caisleán is go Cill na gColmán
Is soir amach arís go Faill na Mná.
Sin é Parthas mo smaointe."
"Is maith ann é," arsa Íosa,
"Ach níl ann ach scáil dá bhfuil i ndán duit
A fheiscint sa Pharthas úd eile
A sháraíonn gach a bhfaca súil
A chuala cluas, nó a taibhríodh d'éinne beo,
Ach atá réitithe ag m'Athair dóibh súd ar gean
    leo é …
Sea, tá an iomad den sórt seo cainte agam!"
"Níl in aon chor.
Ní minic a bhíonn a leithéid le clos againn."
Chas Íosa timpeall beagán agus bhí an Feirtéarach
Agus cluas le héisteacht aige taobh leis.
Bhain sé de a chaipín.
"Nach tú!" ar sé le hÍosa, "níor bhraitheas ag teacht
    tú!"
"Agus is minic tú ag tabhairt cuireadh dhom."
Rug sé ar láimh air.
"Nach fuar atá do láimh!
Ach tá's agam nach amhlaidh le do chroí," arsa Íosa.
"Dála a lán againn anso,
Faid bhíonn fuairneamh ag teacht ar na lámha
Bíonn an croí ionainn á leá.
Agus is é mo thuairim go bhfuil baint
Agat féin leis, Dia dod' bheannachadh."
"Ach ar ndóigh is iad so atá in bhur gcúram

God and man."
"And why not?—
Anyone raised in Baile an tSléibhe
290 Near the Fort of Cathair Léith
And having a view of the wonders of God
From Baile Móir to Cill Mh'Earnóg,
And if he turns around, from Maoileann in the west to
Bruithineach, to Clasach, and to Cruach Mhárthain
295 To Caisleán and to Cill na gColmán
And out eastwards again to Faill na Mná.
That's the paradise of my thoughts!"
"It's good that it is," said Jesus,
"But it's only a faint shadow of what you're due
300 To see in that other Paradise,
Which surpasses everything eye has seen,
Ear has heard, or anyone's dreaming,
But which my Father has ready for those who love
    him …
Well I've said too much on that note."
305 "Not at all.
It's not often we get to hear the like."
Jesus turned around a little and Ferriter was there
Beside him listening attentively.
He took off his cap.
310 "Is that you!" he said to Jesus.
"I didn't notice you coming."
"Yet you've often invited me."
He took his hand.
"Isn't your hand cold!
315 But I know your heart's not like that," said Jesus.
"Like many of us here,
As our fingers get numb with the cold
Our hearts get warm with love.
And it's my opinion that you have something
320 To do with it, God bless you."
"But of course, those who care for you here

A dhéanann mo ghnó domsa.
Aon rud a dhéanann siad duitse is domh-sa
A dhéanann siad é."
"Is ea, agus is tusa a chuireann ina gcroí é
　dhéanamh."
"Ní chuirfeadh an sagart paróiste níos fearr é!
Caithfidh mé tú a fhágaint ansan anois
Agus dul sall go Mossy, an fear bocht.
Bead chugat arís le cúnamh Dé
　agus sinn slán!"

Bhí Mossy an-bhreoite.
Bhí fuarallas amach tríd,
Glothar ina scornaigh
Agus é ag saothrú an bháis.
Bhí a lámh á ardú ag Íosa
Nuair a bhuail an clog,
Clog an Aingil. D'oscail Mossy leathshúil;
Níorbh é Clog an Aingil dar leis a bhí
　á bhualadh
Ach cloigín Bheannachadh na Naomh-
　Shacraiminte
Thíos ar an nDroichead Beag, os comhair a thí
Lá breá samhraidh …
D'fhan Íosa taobh leis.
Nuair a bhí an phaidir ráite
Chrom sé síos thug póg dó ar an éadan,
Chóirigh an plaincéad ina thimpeall
Agus amach leis ar bharraicíní.
Síos an staighre leis go socair.

Nuair a chonaic Nóiní é
Ag gabháil thar doras, ghlaoigh sí isteach air.
"Tá do páirtithe anso ag feitheamh leat.
Tá do chuid tae fuar …"
"Tá sé in am againn bheith ag bogadh linn,"

Are doing my work for me.
Whatever they do for you
It's for me they do it."
325 "That's so, and it's you that puts it in their hearts to do it."
"The parish priest wouldn't put it better!
I have to leave you now
And go over to Mossy, the poor man.
I'll come to you again, with God's help, and all of us being well."

330 Mossy was very sick.
He had a cold sweat all over him,
A rattle in his throat
And he was in the throes of death.
Jesus was raising his hand
335 When the bell struck,
The Angelus. Mossy opened one eye;
He didn't think it was the Angelus bell that was being struck
But the little bell for the Benediction of the Blessed Sacrament
Down on the Small Bridge, in front of his house
340 On a fine summer day …
Jesus waited beside him.
When the prayer was said
He bent down and gave him a kiss on the forehead,
Arranged the blanket around him,
345 And went out on tiptoes
And down the stairs, very quietly.

When Nóiní saw him
Going past the door, she called him in.
"Your partners are here waiting for you.
350 Your cup of tea is cold …"
"It's time we were moving on,"

Ar sé ag féachaint timpeall ar a chairde.
"Caith siar bolgam …"
Sin a raibh aige.
D'fhágadar go léir slán ag Nóiní
Go buíoch beannachtach agus amach leo
   an cúldoras.

"Beidh imní ar an gcuid eile," arsa Peadar.
"Ní bheidh ná é," arsa Séamas,
"Istigh ag Dáith atá siadsan ar a suaimhneas."
Ní raibh cairt ná ráil bhannaí
   le feiscint.
Bhí Páirc an Aonaigh iata.
Stad Íosa ag an *Holey Stone*.
"Ní raghadsa níos sia libh.
Abraíg leis an gcuid eile
Go bhfeicfidh mé amáireach sibh.
B'fhearr dhaoibh dul agus lóistín a fháil
I dTigh an Bhoghaisín.
Tráthnóna maith agaibh."
D'fhágadar slán aige.
Níor chuireadar ceist air.
Bhí'os acu go maith gur theastaigh uaidh
Bheith leis féin i gcomhluadar an Athar
Agus an Spioraid tamall—an oíche go léir, b'fhéidir.
Chas sé ar chlé suas Bóithrín an tSéipéil.
Lean air go mall smaointeach suas amach
Go dtí an Coimín.
Ní raibh an geata nua ann fós an uair sin.
Chaith sé dul thar an bhfál leachta de shreang
   meirgeach.
Chas sé ar chlé arís ansin siar go Cill Mháiréad
Mar ómós do bhochtáin an Ghorta.
D'fhan sé tamall i bhfoithin an aitinn Ghallda
A bhí ansúd go rábach.
Ansin suas leis trí aiteann is trí raithneach

He said looking around at his friends.
"Swallow down a mouthful ..."
That's all he had.
355 All of them took leave of Nóiní
With thanks and blessings, and went out the back door.

"The others will be worried," said Peter.
"Not at all," said James,
They're all inside at Dáith's enjoying themselves."
360 There wasn't a cart or a railed wagon of bonhams to be seen.
The Fair Field was closed.
Jesus stopped at the Holey Stone.
"I won't go any further with you.
Tell the others
365 That I'll see you tomorrow.
You'd better go and get lodgings
In The Rainbow Hostel.
Good evening to you."
They took leave of him.
370 They didn't question him.
Then knew well that he wanted
To be alone with the Father
And the Spirit for a while—the whole night, maybe.
He turned left up Chapel Lane
375 And continued slowly and meditatively
To the Commons.
The new gate wasn't there at that time.
He had to go over the broken-down rusty wire fence.
Then he turned left again westwards to Cill Mháiréad,
380 Honoring the paupers of the Famine.
He stayed for a while in the shelter of the tall furze
That was luxuriant there.
Then up he went through furze and through bracken

Is trí fhraoch ag lorg log an chiúinis
Ag barr Chnoc an Chairn
Mar a gcaithfeadh sé an oíche ar fad ag guí.

Notes: Jesus Back in Dingle

3 **The Holey Stone** is a Stone Age boulder with depressions in it which retain rainwater, located on the street leading to the hospital.
6 Now the Community Hospital, the **Poorhouse** was built c. 1850.
9 **The Pig Fair Field** was on the left of the street leading to the hospital. The area is now known as Fairfield Close.
10 **Philip** is a Greek name, meaning "lover of horses", rather than a Jewish name.
22 **Barra an Chuasa** – "The Top of the Creek" (of Brandon Creek).
32 **ca'bh'os** – Spelled in full 'cá bhfios', but pronounced 'caws'.
35 **Sliabh an Fhiolair** – "Mount Eagle".
37 **Barr na Sráide** – "The Top of the Street" – a famous pub.
60 The Irish is **báthair** for mother here, because in the Kerry dialect sometimes b replaces mh in this context.
71 **Leataithe** – genitive plural of "Leataoibh", meaning "Side of a Hill" or "Lay-By". English – Lative. There were 3 – Leataoibh Móir, Leataoibh Meánach, and Leataoibh Beag – Big, Middle, and Small.
80 **Bless you, my nurseling** – "mo ghrá deoil thú" in Irish, a common term of endearment.
85 **Gleann Fán** – "Glen of the Slopes".
125 If the cock in your farmyard is the first to crow in the morning, it's your lucky day!

And through heather seeking the quiet place
385 At the top of Cnoc an Chairn
Where he would spend the whole night in prayer.

131 **Tomás** and **Peaid** and **Bríd** were **Caitlín's** brothers and sister.
142 **Máire Ní Shé** was an elderly woman whose only child died shortly after birth. She dealt with her loss by making felt pictures with her son as she thought he would have looked as he grew up. She had lost a leg and was in the hospital awaiting a prosthesis.
149 There is a folk belief that babies who die young guide their mother with a lighted candle on her way to heaven.
159 The woman was the mother of the famous Begley family of musicians. The place-name means "Townland of the Puck Goats."
188 "Fighting over empty trash" is an implicit quotation from a satiric remark by a poet on the so-called "Contention of the Bards" which occurred soon after the Flight of the Earls.
209 **Léim 'ir Léith** – "The Jump of the Grey One" – refers to a local legend. English – Leamarley.
229 Kennedy was mute.
236 This refers to St. Brendan the Navigator. Tradition says that he left on his voyage to America from the Cuas, or Creek, known as Brandon Creek, near Kennedy's home.
242 Literally "your white coat is made". The original form of the expression was probably "your white groat is made", referring to a coin being struck.
255 It was customary to pray for the souls of the dead when having a smoke.
263 **Clochán** – A placename, English "Cloghane". The Irish word means "Settlement of stone huts".

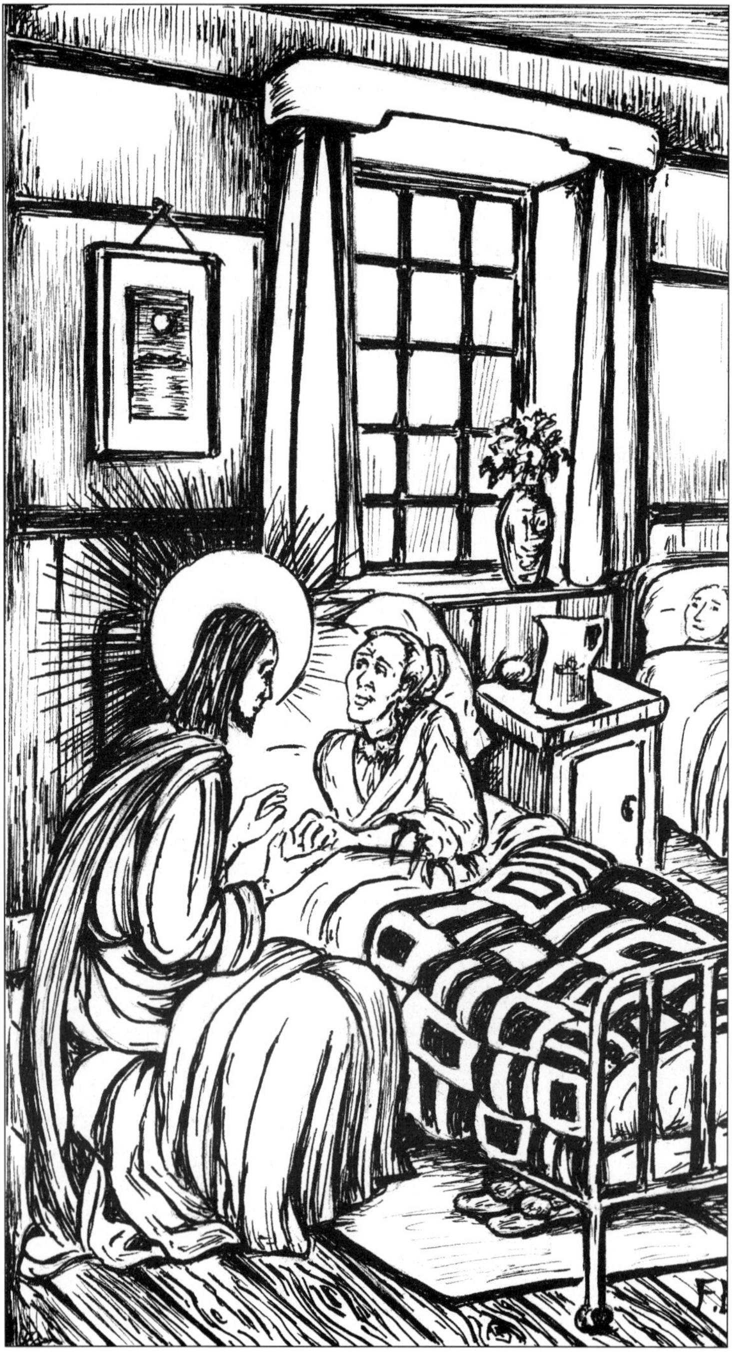

289 Baile an tSléibhe – "Townland of the Mountain". English – Balintlea.
290 **Cathair Léith** – probably "Fort of the Grey Deer".
292 **Cill Mh'Earnóg** – "Church of my dear (Saint) Earnóg". English – Kilvearnogue.
293 **Maoileann** – "Knoll".
294 **Bruithineach** – "Hot Place" or "Sun-Trap".
294 **Cruach Mhárthain** – "Mount Márthain", English name, Croaghmarhin.
295 **Caisleán** – "Castle".
296 **Cill na gColmán** – "The Church of the Colmans". The name **Colmán** occurs on an ogham stone here and it's thought that seven Colmans were referred to on it.
296 **Faill na Mná** – "The Cliff of the Woman". The woman is the goddess **Mór**.
360 **Bonhams** – Hiberno-Irish for little pigs.
379 **Cill Mháiréad** – "Church of Margaret". It was dedicated to Queen Margaret of Scotland who devoted her wealth to the poor. The Famine graveyard is on the site of the old church.
383 These two lines echo a passage in a Scottish song.
385 **Cnoc an Chairn** – "The Hill of the Cairn".

"... *siar go Cill Mháiréad*
Mar ómós do bhochtáin an Ghorta"
"... *westwards to Cill Mháiréad*
Honouring the paupers of the Famine"

IV
An tSeanmóin i Móin na Ceapaí

Chonaic Íosa an ghrian ag éirí anoir
Ina fáinní óir is airgid
Thar Chnoc na nGabhar is Shliabh an Fhia.
Mhol sé an tAthair a dhein na hiontais seo
Agus an Spiorad a chónaíonn iontu—
Agus eisean, an Mac, nárbh é a mbuaic?
Sea, na hiontais a bhí á nochtadh dó—
Glaise Uíbh Ráthaigh agus Bhré
Agus splinceanna na Scealg agus na bhFeoibh.
Loinnir plánaí gloine bhán té
    Chuan an Daingin
Agus Chuan Fionntrá, agus Chuan Ard na Caithne.
Cad é mar aoibhneas a bheith ag féachaint
Ar bhíú an choirce ag ceilt na praisce buí …
Ar ghoirme thréan na bprátaí luaithe …
Agus bheith ag éisteacht le méileach na n-uan
Agus le tríreach na mionéan. …
Allelúiá, Allelúiá, ar sé in ard a ghutha.
Bhí an Daingean ina chodladh fós
Ach sall thar gleann bhí puth beag deataigh
Ag éirí suas díreach ó chúpla sinmé—
Feirmeoirí ag réiteach le ba a bhreith abhaile
Agus dul á gcrú.

Ba é an Domhnach é, agus ná raibh
    cluiche caide
Le bheith ann tar éis dinnéir.
Ba bhreá leis an cluiche a fheiscint
Agus ansin bheadh seans aige labhairt leis an slua.
Níor mhór glaoch ar na haspail.
I dTigh an Bhoghaisín i mBaile na Buaile

IV

The Sermon in Móin na Ceapaí

1 Jesus saw the sun rising in the East
In its rings of gold and silver
Over Cnoc na nGabhar and Shliabh an Fhia.
He praised the Father who made these wonders
5 And the Spirit who lives in them—
And himself, the Son, wasn't he their crowning glory?
Yes, the wonders that were revealed to him—
The green of Uíbh Ráthach, and of Bré,
And the spikey pinnacles of the Skelligs and the Feoibhs.
10 The shimmering pane of glass that was peaceful Dingle Harbor,
And Ventry Harbor, and Ard na Caithne Harbor.
What delight it was to be looking out on
The yellow of the oats hiding the yellow field mustard …
The strong blue of the early potatoes
15 And to be listening to the bleating of the lambs
And the trilling of the little birds …
"Alleluia, Alleluia," he said at the top of his voice.
Dingle was still asleep
But across over the valley was a little puff of smoke
20 Rising straight out of a couple of chimneys—
Farmers getting ready to take the cows home
And milk them.

It was Sunday, and wasn't there going to be a football match
After dinner.
25 He'd enjoy seeing the game,
And then he'd have a chance to talk to the crowd.
He should call the apostles.
They were in the Rainbow Hostel in Baile na Buaile,

A bhíodar le cur fúthu, má fuaradar bheith istigh.
Ach níor bhaol dóibh.
Bhí sé luath sa saesúr fós.
Chas sé a chlóca timpeall air féin
Agus síos le fánaidh leis ar an dtaobh thuaidh,
Síos trí Scraig—mar a gcuala sé na
   hEalsásaigh óga
Ag amhastraigh ag lorg a mbéile,
Trí Chill Fhaoláin mar a raibh glamaireacht
I ndiaidh stoic agus beithíoch.
Chas sé i leith ar an mbóthar mór
Nó gur bhain sé amach an t-iostas.
Níor mhaith leis cur as do mhuintir an tí.
Chuaigh sé go dtí an doras tiar agus chnag.
"Tair isteach, ach seachain mo cheann!"
Peadar a labhair agus bhí sé sínte ar an dtalamh
Díreach laistigh de dhoras mar a bheadh ag baile.
D'ardaigh Íosa an laiste agus isteach leis.
Bhíodar go léir, seachas Peadar, fós ina gcodladh.
Nuair a dhúisíodar agus gur bhaineadar an barrach
As na súile chonacadar Íosa ag cogarnach le Peadar
Agus mheas a bhformhór go raibh an oíche caite aige
Ina dteannta, gur tháinig sé isteach déanach i gan
   fhios dóibh.
D'éiríodar de réir a chéile, paidir bheag á rá acu leo
   féin.
Níodar a n-aghaidh, a bhféasóg, a lámha
   is a gcosa
Sa tsruthán lasmuigh.
Tomás a réitigh an geas agus a bheirigh an citeal.
Tae agus arán agus im a bhí acu.
Bhí ocras ar Íosa agus d'ith sé breis,
Agus é ag cuimhneamh ar an lá úd go ndúirt
An tÁirseoir leis arán a dhéanamh des na clocha.

Where they were to stay if they'd been allowed in—
30 But there was no danger they wouldn't,
It was early in the season yet.
He wrapped his cloak around himself
And went down the slope on the north side,
Down through Scraig—where he heard the young Alsatians
35 Barking, looking for their food,
Through Cill Fhaoláin, where there was shouting
After cows and heifers.
He turned left on the main road
And arrived at the hostel.
40 He didn't want to disturb the people of the house.
He went to the back door and knocked.
"Come in, but watch out for my head!"
Peter said, and he was stretched out on the floor
Just inside the door, as if he were at home.
45 Jesus lifted the latch and went in.
Except for Peter, they were all still asleep.
When they awoke and had taken the sleep
From their eyes, they saw Jesus whispering to Peter
And most of them thought that he'd spent the night
50 In their company—that he came in late, without their knowing.
They rose one by one, each saying a little prayer quietly to himself.
They washed their faces, their beards, their hands and their feet
In the small stream outside.
Thomas turned on the gas and boiled the kettle.
55 They had tea and bread and butter.
Jesus was hungry, and ate a bit extra,
Thinking of that other day when
The Adversary told him to make bread of the stones.

Nuair a bhí bia ite acu agus a mbabhla agus a scian
Nite agus ar ais ina mála acu, labhair Peadar agus
  dúirt:
"Beimid in am mhaith d'Aifreann a haon déag sa
  Daingean
Agus deir Íosa liom gurbh fhearr dúinn dul go dtí
An cluiche caide i Móin na Ceapaí, mar a deir
  fógra,
Toisc go mbeadh seans aige labhairt lena lán
  daoine
Tar éis an chluiche, go mór mór má bhuann
Sráid na Trá, Trá Lí, ar Chiarraí Thiar."
Chuaigh Iúdás chun cainte le bean an tí
Agus ba léir ar a cheannaithe ina dhiaidh sin
Gur dhein sé margadh maith léi.
Bhuaileadar bóthar ó dheas agus ansin
An Bóthar Ard suas ag Baile an Mhuilinn.
Bhí cartacha capaill is pónaí, is asail
Ar dhá thaobh na sráide síos go Tigh na Sagart
Agus síos fad do radhairce i Sráid an Doirín.
Bhí cúpla rothar leis caite i gcoinne an fhalla
Ón sáipéal síos go geata an mhinistir.
Bhíodar in am mhaith. Chuir sé iontas ar na haspail
Go raibh brú maith daoine timpeall an dorais.
Mheasadar gurb ann ná raibh slí istigh.
Ach ní hamhlaidh a bhí mar dá shia isteach a
  chuadar
Ab ea ba mhó a bhí slí. Suas leo go dtí barr an
  tsáipéil,
Lár slí, mar ná raibh éinne in ao' chor.
Chuir Eoin—an té b'óige agus ba chúthaile díobh,
Cogar i gcluais Pheadair: "B'ann atá's acu cé hé
Agus go bhfuilid ag coimeád siar uaidh?"
"Ní hea in ao'chor. Nós ait dá gcuid féin. Fuist!"

When they'd eaten and washed their bowls and knives
60 And put them back into their bags, Peter spoke up and said:
"We'll be in good time for 11 o'clock Mass in Dingle
And Jesus tells me we'd better go to
The football match in Móin na Ceapaí, as the notice says,
Because he'd get a chance to talk with a good many people
65 After the match, especially if
Strand Street, Tralee, beats West Kerry."
Judas went to talk to the landlady
And it was clear from his face afterwards
That he'd made a good bargain with her.
70 They took the road to the south and then up
The High Road at Milltown.
There were horse-, pony-, and donkey-carts
On the two sides of the street as far as the Presbytery,
And down as far as the eye could see in Green Street.
75 There were a couple of bicycles left against the wall
From the chapel down to the minister's gate.
They were in good time. It amazed the apostles
That there was a good crowd of people around the door.
They thought that there wouldn't be room inside,
80 But that wasn't the case, because the further in they went
The more room there was. Up they went to the front of the church,
Middle aisle, where there was nobody at all.
John—the youngest and most bashful of them—
Whispered in Peter's ear "Is it that they know who he is
85 And they're keeping back from him?"
"Not at all. It's just their funny habit. Hush!"

Sara raibh Amen curtha le beannacht an tsagairt
Bhí deabhadh amach ar dhaoine.
Níor bhac a bhformhór
Le bheith páirteach san iomann clabhsúir.
D'fhan Íosa istigh tar éis na coda eile.
Bhraith sé ag baile sa tsáipéal álainn seo,
Na clocha daingne a leag lámha na ndaoine.
Samhail na mbeochloch arb iad an pobal seo iad.
Ar an tslí amach dó bhuail sé le seandaoine.
D'aithin sé a lán acu agus d'aithin a lán
   acu é.
Bhí mathlua daoine anois ar chéimeanna
   an dorais
Gan aon deabhadh orthu, ach ag cur tuairisce a chéile
Agus ag cur na foirne agus an chluiche trí chéile.
Bhí cuid des na fearaibh ag sleamhnú an cúldoras
Isteach Tigh Dic Mac; muintir na tuaithe, is fada arís
Go mbeidís in aon ghiorracht do
   thigh tábhairne.

Bhailigh Íosa agus na haspail le chéile sa ghiard beag
Ag taobh an tsáipéil; thosaíodar ag cardáil agus
Ag gearán mar gheall ar an searmanas.
"An sagart faoi deara é seo, níor thug sé seans
Dos na daoine aon rud a dhéanamh ach an t-airgead a
   bhailiú!"
"B'fhéidir gur minic a thug ach nár deineadh beart!"
"Canathaobh go raibh idir óg agus aosta thíos ag an
   ndoras …?"
"Bhí sé dubhach duairc … Sea, bhí an aithrí ann
Ach cá raibh an ceiliúradh ? Ná fuil cáil ar
   an áit seo
Chun ceoil agus amhránaíochta … Éist, ná cloiseann tú
An ceol i dTigh Dic Mac anois …?"
"Féach na clocha breátha seo. Nach maisiúil an
   foirgneamh é!

Before Amen was said to the priest's blessing
The people were in a hurry to be out.
Most didn't bother taking part
90 In singing the closing hymn.
Jesus remained inside after the others.
He felt at home in this beautiful church.
The sturdy stones the people had laid by hand were
Like the living stones that the people are.
95 On the way out he met with some old people.
He recognized many of them, and many recognized him.
There was a good crowd of people now on the steps by the door
Not in any hurry, but inquiring after each other
And discussing the team and the game.
100 Some of the men were slipping through the back door
Into Dick Mac's—the country people,
For it would be a long time till they'd be anywhere near a pub again.

Jesus and the apostles gathered in the little yard
Beside the church; they began to discuss
105 And complain about the service.
"This was the priest's fault, he didn't give the people
A chance to do anything but collect the money!"
"Maybe he often did but nothing got done!"
"Why were both young and old down at the door …?"
110 "It was sad and gloomy … True, the penance was there
But where was the celebration? … Doesn't this place have a reputation
For music and songs … Listen, don't you hear
The music in Dick Mac's now …?"
"Look at these wonderful stones. Isn't it a beautiful building!

Ach muna gcuirfear feabhas ar na searmanais beidh
  sé seo
Ina mhúseum. Tá ealaín álainn ann
  cheana féin."
Mar sin a bhíodar, agus Íosa ag éisteacht leo
Go foighneach, agus ag réiteach leo ar uairibh.
"Luabhair an ealaín, agus is maith is fiú í a lua.
Ach an bhfacabhair an ealaín ar leith gur thógas-sa
  ceann de?
Ealaín na leanaí éagumasacha, istigh sa phóirse ar
  chlé.
Glóir an Dúilimh, ainmhithe, radharcanna, daoine
Mar a chíonn na leanaí seo iad agus iad tairricthe
  daite
Go niamhrach. Molaim na haithreacha agus na
  máithreacha,
Na teagascóirí agus na cúntóirí eile atá á chur seo
  chun cinn.
Agus féach taobh linn, Gairdín Mhuire!
Agus cad tá ansúd laistigh den seanfhalla?
Tithe á dtógaint do sheandaoine i lár an
  bhaile,
I gcroí an bhaile, taobh leis an sáipéal.
Agus laistiar feicim fógra 'An Díseart'
Á rá linn go mbeidh urnaí agus cairdeas anama,
Léann agus diagacht, ealaín, agus ceol á saothrú anso
Dochum glóire Dé agus onóra na hÉireann
Lá éigin muna n-éagfaidh ár Róisín Dubh.
Sea, ar aghaidh linn sara raghainn níos sia leis
An sórt so fáidheoireachta!"

Bhí formhór na ndaoine bailithe leo.
Ní raibh aon siopaí gnó oscailte.
Bhí maise na bhfuinneog, áfach, ag mealladh
  daoine
Chun teacht uair éigin eile ag gnó is ag margaíocht.

115 But unless the services
      improve
   This will become a museum. There's beautiful art
      here already …"
   That's how they were, and Jesus listening to them
   Patiently, and agreeing with them at times.
   "You mentioned the art, and it's well worth mentioning.
120 But did you see the art that
      I noticed?
   The art of the handicapped children, inside the porch
      on the left—
   The glory of the Creator, animals, landscapes, people
   As the children here see them, and painted with
      splendid bright colors.
   I praise the fathers and
      mothers,
125 The instructors and the other helpers who are
      promoting this.
   And look beside us, the Garden of Mary!
   And what's that inside the old wall?
   Houses being built for the old people in the center of
      town,
   In the very heart of the town, beside the church.
130 And behind I see a notice 'An Díseart'
   Telling us that there'll be prayers and soul-friendship,
   Learning and theology, arts and music cultivated here
   To the glory of God and the honor of Ireland
   Some day, unless Róisín Dubh passes away.
135 Well,—let's get going before I go any further
   With these prophecies!"

   Most of the people had left.
   No business shops were open.
   The displays in the windows, however, were enticing
      people
140 To come some other time on business and bargaining.

Bhí tithe bídh ar oscailt, ar ndóigh, agus bheadh
Na tábhairní leis níos déanaí.
Chonacadar daoine isteach is amach Ti' Bheaglaoi,
Tigh na bPíonna, thíos ag an nDroichead Beag.
Isteach leo ansin. Ní raibh aon taithí acu
Ar an bpíóg chaoireola, ach bhí boladh folláin
San áit. "Ordaigh ceann an duine dúinn—níl orthu
Ach tistiún, mar a deirtear anseo," arsa Parthanán le
 Iúdás.
Dhein sé amhlaidh agus dhíol astu ar an toirt.
Fuair sé trí cinn déag ar phraghas dosaen.
Luíodar leo le fonn.
Bhí na daoine eile ag déanamh iontais dóibh.
"*Hippies* is dócha," chuala Eoin á rá ag duine.
Chuir sin imní air. "B'fhéidir," ar sé i gcogar le hÍosa,
"Gurbh fhearr dhúinn ár bhféasóg a bhearradh fad a
Bheimid anseo timpeall le heagla go ndéarfadh
Daoine gur *hyppies* sinn."
"Ná cuireadh san aon mhairg ort!" arsa Íosa os íseal.
Ansin d'ardaigh sé a ghuth agus dúirt i
 gcomhchlos
Do mhuintir an tí go léir:
"Dearbhaím daoibh go raghaidh *hyppies* agus
 peacaigh
Isteach i Ríocht Dé níos luaithe
Ná a lán des na daoine creidiúnacha so
Go bhfuil an meas go léir acu orthu féin."
Thit tost ar a raibh istigh, agus go hobann
Bhéic seanduine sa chúinne:
"Sea, agus níos túisce ná toicí an airgid
Nár thug pá lae ceart d'aon duine riamh a bhí ag
 obair acu!
Mo cheol thú!" Bhuail sé a bhasa agus
 lean an slua é.
Rug Íosa ar a spiúnóg, bhain canta den bpíóg;
Níor thuig sé go raibh sí chomh te sin

Cafés were open, of course
And the pubs would be too, later on.
They could see people in and out of Begley's House,
The Mutton Pie House, down at the Small Bridge.
145 They went in there. They'd never had
A mutton pie, but there was a healthy smell in
The place. "Order one for each of us, they cost only
A tistiún, as they say here," said Bartholomew to Judas.
He did so, and paid for them right away.
150 He got 13 for the price of a dozen.
They laid into them eagerly.
The other people were wondering about them.
"Hippies, I suppose," John heard someone saying.
That worried him. "Maybe," he whispered to Jesus
155 "We'd better shave off our beards while
We're around here, for fear people
Would say that we're hippies."
"Don't let that worry you!" said Jesus in a low voice.
Then he raised his voice and spoke so that he could be heard
160 By all the people in the house.
"I say to you that hippies and sinners will
Go into the Kingdom of God before a lot of
These respectable people who
Have such a great opinion of themselves."
165 Silence fell on the whole room, and suddenly
An old man shouted from his corner:
"Yes, and quicker than the buckos with all the money
Who didn't give an honest day's pay to anyone they had working for them!
More power to you!" He clapped his hands and the crowd followed his example.
170 Jesus picked up his spoon and took a chunk of the pie;
He didn't realize how hot it was

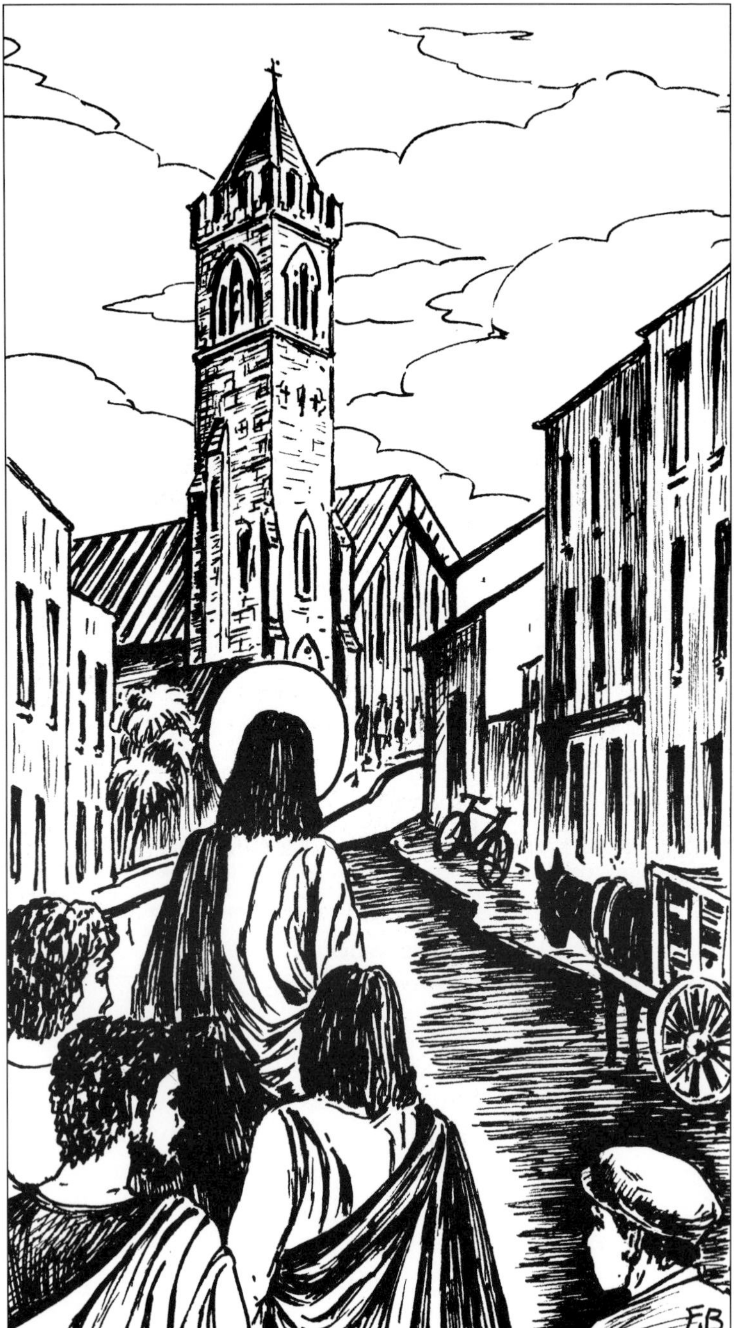
F.B.

Sáipéal an Daingin
Dingle Church

Agus ba dhóbair dó a teanga a dhó léi.
"An iomarca cainte," arsa Iúdás.
Bhí na daoine ag bogadh leo soir Bóthar an Spá
Faoin am go raibh Íosa agus a bhuíon réidh.
Bhí óg agus aosta sa slua, fir agus mná.
Bhí bailidéir ar an nDroichead Beag ag amhrán
Agus ag díol: "Beir mo dhúthracht go Dúthaigh
   Duibhneach,
'Sí tír mo rúin í tá dlúth lem' chroí-se …"
"Nár dheas ceol mar sin a bheith sa tsáipéal
   leis acu"
Arsa an Iúd eile, fear ná bíodh poinn cainte as de
   ghnáth.
Sall leo Bóthar an Spá agus brú maith daoine ag dul
   soir leo.
Bhí an t-asal deireanach ag teacht anall ón gcréimearaí
Le meadar beag deich ngallún.
Soir ar chúl an chréimearaí a bhí an slua ag dul.
Ní raibh an Hillgrove ann fós ná na tithe sin eile
Sall uaidh ach tigh ba nó buaile le
   duine éigin
De mhuintir an Daingin mar bhí paistí deasa anso ag
   a lán acu.
Leanadar leis an slua suas bóthar na Cuilleannaí
   tamall
Agus isteach ar dheis mar a raibh páirc mhór
Ar leirg an tsléibhe ach iarracht déanta cuid di
A thabhairt ar leibhéal.
Bhí port breá ard óna raibh
   an-radharc
Ar an taobh thuaidh agus ansiúd suas a bhí
Muintir Chiarraí Thiar ag dul.
Lean Íosa agus a chomplacht ansúd iad.
Bhailigh an slua go tapaidh.
Bhí Bóthar na Trá amuigh ar an bpáirc cheana féin.
Ní raibh aon taithí ag Íosa ná

And he nearly burned his tongue with it.
"Too much talk," said Judas.
The people were going eastwards on the Spa Road
175 By the time that Jesus and his band were ready.
Young and old were in the crowd, men and women.
There was a balladeer performing on the Small Bridge,
Singing and selling "Give my love to the district of Dingle,
She's the land of my love, close to my heart."
180 "Wouldn't it be nice if they had music like that in the church too,"
Said the other Jude, a man who didn't usually speak much.
They continued along the Spa Road, and a good crush of people going eastwards with them.
There was the last donkey coming from the creamery
With a little 10 gallon measure.
185 Behind the creamery the crowd was going eastward.
The Hillgrove wasn't there yet nor those other houses
East of it, but a cow shed or farmyard belonging to somebody
From Dingle, because many of them had nice patches of land here.
The group continued with the crowd up the Cuilleannach Road
190 And in to the right where there was a big field
On the slope of the hill, but an attempt had been made
To level part of it.
There was a fine high bank from which there was a great view
On the north side, and the people
195 Of West Kerry were going up there.
Jesus and his group followed them.
The crowd gathered quickly.
The Strand Road team was already on the field.
Jesus and most of the apostles,

81

Formhór na n-aspal ar an sórt seo imeartha
Agus dheineadar iontas den spéis go léir
A bhí ag na sluaite san imirt—an bhéiceach, an
    chipeadaraíl,
Na beannachtaí agus na heascainithe uafásacha …
Ansin an liú maíteach nuair a théadh an liathróid
    isteach
Idir na cuaillí …
Buadh ar Chiarraí Thiar.
Bhí a lán den slua maolchluasach go maith dá bharr
    so.
Bhí sé breá luath fós agus shuigh cuid den slua
Ar an bport aoibhinn.

Thapaigh Íosa an deis.
D'éirigh ina sheasamh.
"Sea," ar sé de ghuth ard solasghlan
"Ní hé seo deireadh an tsaoil agaibh.
Tá cluiche eile agus rás eile ar chóir a bheith ullamh
    dó."
Lean sé air ar an dtéid sin ar feadh tamaill
Nó go bhfuair sé éisteacht.
Shuigh sé síos ansin agus slua timpeall air.
D'fhéach sé uaidh siar ar Chill Mháiréad,
Ar reilig an Ghorta.
"Is beannaithe na boicht," ar sé
"Mar is leo Ríocht na bhFlaitheas."
Gháir cuid den slua.
"Sea is beannaithe iad siúd atá curtha ansin thiar.
Táid anois in aoibhneas na bhFlaitheas.
Is leo Ríocht Dé.
Ach ní gá, agus níor cheart
Go mbeadh éinne chomh bocht leo,
Mar is beannaithe na boicht ó spiorad,
An dream nach é Mamón a nDia.
Is fusa do chamall dul trí chró snáthaide

200 Weren't used to this sort of game,
And they marveled at the great interest
The crowd had in it—the yelling, the
   commotion,
The blessings and the terrible swearing ...
Then the boastful yell when the ball
   went in
205 Between the goal posts ...
West Kerry were beaten.
Many in the crowd were very crestfallen because of
   this.
It was fairly early yet and some of the crowd sat down
On the lovely bank.

210 Jesus seized the opportunity.
He stood up.
"Yes," he said in a loud, joyously clear voice,
"This isn't the end of the world for you.
There's another game and another race you should be
215   ready for."
He continued in that vein for some time
Until he had an audience.
Then he sat down with a crowd around him.
He looked out westwards on Cill Mháiréad,
220 On the Famine graveyard.
"Blessed are the poor," he said,
"For theirs is the Kingdom of Heaven."
Some of the crowd laughed.
"Yes, they are blessed, who are buried over there.
225 They're now in the bliss of heaven.
The Kingdom of Heaven is theirs.
But there's no need, and it isn't right
That anyone should be as poor as they,
For the poor in spirit are blessed,
230 Those whose God is not Mammon.
It's easier for a camel to go through the eye of a needle

Ná do dhuine saibhir dul isteach i Ríocht Dé.
Is beannaithe lucht an dobróin,
Óir sólásófar iad. Nílid ag brath ar
   shólás saolta
Mar is é an Spiorad Naomh féin a sólásaí ...
Is beannaithe iad súd go bhfuil tart
Chun na córa orthu óir sásófar iad.
Iad seo an mhuintir a bhíonn á éileamh
Go roinnfí saibhreas an tsaoil seo go cóir,
Go maithfí a bhfiacha gach iubhaile
Do bhochtáin na tíre
Agus do thíortha bochta an domhain. ..."
Scairt cuid mhór den slua amach ag réiteach leis.
"Is beannaithe iad seo atá glan ó chroí
Óir feicfidh siad Dia.
Is deacair a bheith amhlaidh inniu
Le mealladh an tsaoil agus le bréagadh na
   drúise ..."
Lean sé air agus ní ag imeacht uaidh a bhí
Na daoine ach ag bailiú timpeall air.
"Ní mar seo a bhíonn teagascóirí agus múinteoirí
Ná sagairt ná bráithre ná siúracha.
Tá údarás ina bhriathra ..." a dúirt duine óg.

Níor bhraith éinne an t-am ag imeacht.
Bhí an ghrian ag dul siar síos,
Í craorac dearg ag dul i bhfarraige
Laistiar d'Inisicíleáin.
Stad Íosa dá chaint.
Bhí tart air.
D'fhéach sé timpeall agus thuig sé
Go raibh bóthar fada le dul ag cuid des na daoine
Agus ná beadh tigh bídh, ná fiú Tigh na bPíonna
Ar oscailt agus go mbeadh an-ocras ar óg
Agus aosta a d'fhan ag éisteacht go
   cíocrach leis.

Than for a rich person to enter the Kingdom of God.
Blessed are the sorrowful,
Because they shall be comforted. They're not
   dependent on worldy comfort,
235 Because the Holy Spirit himself is their comforter …
Blessed are those who thirst
After justice, for they shall be satisfied.
These are the people who are demanding
That this world's riches be divided justly,
240 That the debts be forgiven each jubilee
To the poor of the country
And to the poor countries of the world …"
A lot of the crowd shouted out in agreement.
"Blessed are the clean of heart
245 For they shall see God.
It's hard to be so today
With the world's enticements and the deceptions of
   lust …"
He went on and the people were not abandoning him
But gathering around him.
250 "Instructors and teachers don't teach like this
Nor priests, nor brothers nor nuns.
His words have authority!" a young person said.

No one noticed the time passing.
The sun was going down in the west
255 In flaming red going into the sea
Behind Inis Mhic Uíbhleáin.
Jesus stopped talking.
He was thirsty.
He looked around and he understood
260 That some of the people had a long road to travel.
There were no cafés or even the Pie House
Open and the young
And the old who remained listening to him eagerly
   would be very hungry.

"Aon seans go bhféadfaimis arán a fháil don slua
seo?"
Ar sé leis na haspail a bhí taobh leis.
"Ní cheannódh céad punt arán don méid
seo daoine,"
Arsa Pilib, "fiú dá mbeadh na siopaí ar oscailt."
"Tá leaidín beag anseo ón gCúilín
Agus tá cúpla breac agus cúpla sainvits ina mhála
aige,"
Arsa Aindí Beag, "ach cén mhaith an méid sin
Do shlua chomh mór san?"
"Ná bac san," arsa Íosa, "abair leis an leaidín teacht
anso."
Tháinig le fonn agus thug a raibh aige d'Íosa.
Bheannaigh seisean an fáltas, thug sé ar ais é
Á rá: "Abair led' mháthair go rabhas an-bhuíoch di.
Cabhróidh Peadar agus iad seo leat á roinnt ar an
slua."
Sea, seo anall Peadar agus thóg sé a raibh ann mar a
cheap sé—
Ach bhí a raibh aige fós ag an leaidín.
Dhein na haspail eile amhlaidh leis agus
lena chéile;
Ba é an scéal céanna acu go léir é á dháil;
Ba ghearr go raibh blúire de sciotóg
Agus greim aráin ag na' héinne agus nár lúide
An fáltas an roinnt.
Bhí caint agus gibiris, cogaint agus geonaíl
Ar fuaid na háite, iad ag ithe le flosc,
Blas na meala ar gach greim
Agus gan aon ghreim tur.
Bhí cúpla ábhar sagairt ó
Shráid Eoin ann
Agus seo leo ag canadh an *Tantum Ergo*
Agus ina dhiaidh:
Panem de caelo praestitisti eis!

"Any chance we could find some bread for this
   crowd?"
265 He asked the apostles who were next to him.
"A hundred pounds wouldn't buy bread for this
   number of people,"
Said Philip, "even if the shops were open."
"There's a little boy here from Cúilín
And he's got a couple of trout and a couple of
   sandwiches in his bag,"
270 Said Little Andy, "but what use is that
For a crowd this size?"
"Never mind that," said Jesus, "tell the little boy to
   come here."
He came readily and gave all he had to Jesus,
Who blessed the gift, and gave it back again
275 Saying "Tell your mother I was very grateful to her.
Peter and these others will help you share it among
   the crowd."
So Peter came and took all there was, as he
   thought—
But the little boy still had all he'd had before.
The other apostles did the same with him and with
   each other;
280 It was the same story with all those distributing it;
Soon everyone had a little piece of fish
And a bit of bread, and sharing
Didn't diminish the gift.
There was talk and gabbing, chewing and noise
285 Throughout the place, everyone eating eagerly,
The taste of honey on each bite
And not a single bite without relish.
There were a couple of student priests from John
   Street there
And they began singing the *Tantum Ergo*,
290 And after it:
Panem de caelo praestitisti eis!

Omne delectamentum in se habentem.
Bhí duine des na bráithre ann a mhínigh
Na focail Laidine dá chompánaigh:
"Thugais bia ó neamh dóibh,
Bia ina raibh gach blas dá fheabhas."

Nuair a bhí deireadh ite ag an slua
D'fhéach Íosa timpeall agus chonaic
Go raibh iasc agus sainvitsí go leor fágtha
Thall is abhus: "Bailíg suas an brúscar fuílligh
Le heagla go raghadh sé ar díomailt," ar sé.
Bhí go leor málaí plaistic *Centra* agus *Supervalu*
Ag daoine agus ba ghearr go raibh dosaen acu lán.
"Ar an tslí abhaile, tugaíg an chuid is fearr de so
Do Thigh Eoin agus Chaitlíona agus do dhaoine
Nár fhéad a bheith anseo inár dteannta."
D'éirigh an slua ina seasamh ansin
Ag liúirigh is ag cur na ngártha molta suas.
Chuir Íosa cogar i gcluais Eoin:
"Go Baile na Buaile libh!
Caithfeadsa ealó uathu; beidh siad ag iarraidh
Mé a chur isteach sa Dáil nó a leithéid."
Ba ghearr go raibh na haspail bailithe leo
Agus Íosa féin éalaithe suas thar claí,
Agus siar faoi cheilt san aiteann Gallda
Ag déanamh ar Bhóthar na Leacht.
Scaip an slua agus iad ag ceistiú a chéile
'éint a'bhfeicfidís arís é.

Omne delectamentum in se habentem.
There was one of the Brothers there who translated
The Latin words for his companions:
295 "You have given them bread from heaven,
Food which contained every best taste."

When the crowd had finished eating,
Jesus looked around and saw
That a lot of fish and sandwiches remained
300 Here and there; "Gather up the pieces left over
For fear they'd go to waste," he said.
People had plenty of plastic *Centra* and *Supervalu* bags
And a dozen of them were soon full.
"On the way home, take the best of this to
305 Tigh Eoin and Tigh Chaitlíona and to people
Who couldn't be here along with us."
The crowd rose to their feet then,
Yelling and shouting out praise.
Jesus whispered in John's ear:
310 "Be off to Baile na Buaile!
I'll have to escape from them alone; they'll be trying
To put me into the Dáil or the like."
Soon the apostles had gone off,
And Jesus himself had got away over the wall
315 And west under the cover of the tall furze,
Making for Bóthar na Leacht.
The crowd scattered, asking each other
If they would see him again.

Notes: The Sermon in Móin na Ceapaí

Móin na Ceapaí – "The Meadow with the Cultivated Patch."
3 **Cnoc na nGabhar** – "The Hill of the Goats".
3 **Shliabh an Fhia** – "Deer Mountain".
8 **Bré** – "Bray Head".
11 **Ard na Caithne** – "Arbutus Height." English name – Smerwick, of Norse origin.
28 **Baile na Buaile** – "Townland of the summer cattle pasture".
34 **Scraig** – "Crag".
36 **Cill Fhaoláin** – "Church of Faolán", named after an Irish saint who settled in Peronne, in modern-day Flanders.
47 Literally "the barrach" – the material that collects in the corners of the eyes during sleep.
74 **Doirín** – "Small Oak Wood". The street is called "Green Street" in English.
126 "The Garden of Mary" is the name of a day-care center next to the church.
130 **An Díseart** – "The Retreat". The Díseart Institute of Education and Celtic Culture, based in Dingle.
133 This phrase is taken from the motto of the Four Masters, authors of the Annals of the Four Masters.
134 **Róisín Dubh**, translated "Dark Rosaleen", a name applied to Ireland in a famous song.
148 **Tistiún** – "Four pence".
169 "**Mo cheol thú!**" – literally "You're my music!".
178-79 The first two lines of a song by a local scholar whose pen name was An Seabhac – "The Hawk".
189 **Cuilleannach** – "Where the Holly Grows". The name of a townland.
212 "**Ard solasglan**" is a phrase taken from the Irish epic tradition.
268 **Cúilín** – "Nook". The name of a side street near the pier in Dingle.
282 Echoes a traditional saying: "Sharing does not diminish the gift."
286-7 These lines are from a traditional saying: "Each bite has the taste of honey and no bite is without relish."
305 **Tigh Eoin** and **Tigh Chaitlíona** – "John's House" and "Kathleen's House", both on the street called The Mall. Both are homes for the elderly; one is named after St. John

the Baptist, the patron saint of Lispole Parish and the other after the patron saint of Ventry Parish.

316 **Bóthar na Leacht** – "The Road of the (grave) Flagstones". A **lia** is an upright gravestone and a **leacht** is a flat gravestone.

The Holey Stone

V
An tArán ó Neamh

Deir daoine gurb é Tomás
A chuimhnigh ar dtús ar Fungi.
"Níor bhaineamar aon taitneamh
As an gcluiche Dé Domhnaigh"
Ar sé ar maidin Dé Luain
Agus iad go léir le chéile arís
I dTigh an Bhoghaisín i mBaile na Buaile.
"Cad déarfadh sibh le dul amach
Ag féachaint ar Fungi go bhfuil
An oiread sin cainte mar gheall air?"
"Is beag duine a bheadh ar an gcé úd
Chomh luath seo ar maidin," arsa Matha
A bhí ar aon aigne leis,
"Agus nach breá an mhaidin í do thuras farraige."
"Níor mhiste tamall seoidh a bheith againn," arsa
    Íosa
"Téanaíg, ach tugaíg bia agus uisce libh.
Ná bímis ag cur Dé chun trialach."

Ba ghearr go rabhadar ar an mbóthar,
Baile an Mhuilinn siar agus soir tríd an gCoill
Go caladh na farantóireachta
Ar chúl na cabhlach gránna stáin a bhí
Ansúd an uair úd—ní raibh an Oifig Fáilte
Tógtha ar ao' chor ná aon chuimhneamh air.
Ní raibh rompu ach bád Dháibhí agus é féin inti.
Chuir sé na múrtha fáilte rompu.
"Chugham aniar sibh, nó anoir
Ó Loch Gailílí ba chóir dom a rá."
Ní thógfadh sé aon phingin ó Iúdás,
Agus is é sin a bhí go sásta.
Ní raibh ach an Cé Mór curtha díobh acu

V
The Bread from Heaven

1 Some people say it was Thomas
Who first thought of Fungi.
"We didn't at all enjoy
The match on Sunday,"
5 He said on Monday morning,
When they were all together again
In the Rainbow Hostel in Baile na Buaile.
"What would you say to going out
To see Fungi, that there's
10 So much talk about?"
"There'd be only a few people over at the quay
This early in the morning," said Matthew,
Who was of one mind with him,
"And isn't it a fine morning for a little sea cruise."
15 "It'd be no harm to have some fun for a while," said Jesus.
"Come on, but bring food and water—
Let's not be testing God."

Very soon they were on the road
West through Milltown and over through the Wood
20 To the ferry landing
At the back of the wretched tin wreck that was
There at that time—the Tourist Office wasn't
Built yet, or even thought of.
There was nothing but Davy's boat and himself in her.
25 He showered them with welcomes.
"Welcome out of the west—or out of the east,
From the Sea of Galilee, I should have said."
He wouldn't accept a single penny from Judas—
And that was the man that was happy!
30 They'd only just pulled out from the big quay

Nuair a chonacadar daoine ag bailiú de réir a chéile.
Amach leo i dtreo Bhéal an Chuain
Agus an leoithne dheas ag tabhairt gráín dá ngruanna.
"Óró mo bháidín, ag snámh ar an gcuan …"
A chas Eoin go meidhreach.
Bhí sé le clos i bhfad ó bhaile
Agus b'fhéidir gur chualaigh Fungi féin é
Mar nocht sé go hobann ag taobh an bháid.
Síos leis arís agus bolgabáisín os a chionn.
De phreib bhí sé aníos arís ina stua glioscarnach
Sé troithe déag as an uisce agus tuairt chliste síos
    isteach ann.
"Mo cheol thú," arsa Íosa, "gura fada buan thú!"
"Amen, a Thiarna," arsa Dáibhí.
Sall is anall, ó Shláidín go Rinn,
Is ó Dhún Sían go Poll an Daimh
A bhíodar nó gur tháinig báid eile
Agus gur chaill Fungi a spéis i mbád na mochóirí.
"Cad déarfá le sinn a chur i dtír
Sa Cheathrúin nó sna Fotharacha?
A Dháibhí," arsa Íosa, "tá ár ndóthain
Den lá curtha amú againn ort."
"Pé ní is maith libh féin.
Fillfeadsa isteach ar an gcaladh.
Déarfainn go mbeadh an-lá ag na báid,
Daoine ar thóir Fungi agus daoine eile
Ar bhur dtóir féin, a déarfainn."
Chuir sé i dtír ar Phointe Leighin iad.

Shuíodar síos ar an bhféar glas ar fhalla na trá.
D'éalaigh Íosa sall ar leithrigh uathu.
Thuigeadar ansin gur tamall
Guí agus comhrá lena Athair a bhí uaidh.
Leanadar a shampla mar a rabhadar
Bolg le gréin ar an bhféar glas,
Ina dtost seal ag paidreoireacht.

When they saw people gathering gradually.
Out they went towards the Harbor Mouth,
The nice breeze caressing their cheeks.
"Óró, my little boat, floating on the harbor ..."
35 John sang merrily.
He was audible miles away
And perhaps Fungi himself heard him
Because he suddenly appeared at the side of the boat.
Back down he went, the water swirling above him.
40 All at once he was up again in his shimmering arch,
Sixteen feet out of the water, and a graceful dip down
    in again.
"Bravo!" Jesus exclaimed. "Long life to you!"
"Amen, Lord!" said Davy.
Hither and thither, from Sláidín to Rinn
45 And from Dún Sían to Poll an Daimh
They went, until other boats came
And Fungi lost interest in the boat of the early risers.
"What would you think of us landing
In Ceathrú or in the Fotharacha,
50 Davy?" said Jesus. "We have enough
Of the day wasted on you."
"Whatever you want yourselves.
I'll go back to the pier.
I'd say the boats will have a big day,
55 Some people after Fungi, and other people
After you, I'd say."
He put them ashore at Leyne's Point.

They sat down on the green grass on top of the sea wall.
Jesus slipped off away from them.
60 They then understood that what he wanted was to
Pray and converse with his Father awhile.
They followed his example where they were,
Sunning themselves on the green grass
In a period of silent prayer.

Ach b'sheo chúthu na báid!
Agus i leith chúthu fan na trá
Na sluaite daoine, óg agus aosta.
Cóngar an Droichid
    ón gCluais
A tháinig na coisithe—bhí an droichead
Ina sheasamh fós an uair sin.
"Táthar chughat," arsa Peadar ag glaoch ar Íosa.
"Má táthar, beidh fáilte rompu," a d'fhreagair sé
Agus tháinig anall chun na n-aspal.
"B'fhearra dhúinn dul suas tamall
I dtreo an Túir, mar a mbeidh radharc aoibhinn
Ar an ndúthaigh timpeall againn
Agus mar a gcloisfear mise níos fearr
Dá mhéid an slua inár dtimpeall."
Suas leo, duine ag casadh siar anois agus arís
Ag déanamh iontais den radharc béal-leathan
De bhaile cluthair an Daingin,
Fál sliabh á chosaint ar gach taobh
Ach taobh an chuain atá geall leis
    ina loch.
Ansin ar chlé bhí na coillte duilleacha
Agus barr Chruach Mhárthain ag gobadh aníos
Mar bhuaircín mór córach giúise.
Bhí an slua ag déanamh orthu.
Stad Íosa; shuigh na haspail ar thurtóga taobh leis.
"Bail ó Dhia oraibh idir óg is aosta," arsa Íosa,
"Nach breá lúfar an slua sibh.
Fáilte romhaibh im' choimhdeacht!
Tá cuid agaibh tagtha le cíocras chun Dé
A thuilleadh agaibh mar gur thaitin
Bia an lae inné ar Mhóin na Ceapaí libh.
Ná saothraíg an bia a théann amú
Ach saothraíg an bia a mhaireann
Chun na beatha síoraí,
É siúd a thabharfaidh Mac an Duine daoibh.

65 But here came the boats towards them!
And coming towards them along the beach,
The crowds of people, young and old.
Those on foot came by the shortcut of the Bridge
   from Cluais—
The bridge was
70 Still standing at that time.
"They're on their way to you," called Peter to Jesus.
"If they are they're welcome," he answered,
And came over to the apostles.
"We'd better go up a ways
75 Towards the Tower, where there'll be a beautiful view
Of the countryside around us,
And I will be heard better
However large the crowd around us."
Up they went, now and then one turning back
80 To admire the broad view
Of the sheltered town of Dingle,
Protected on every side by a hedge of mountains
Except on the side of the harbor, which is almost a
   lake.
There on the left were the leafy woods
85 And the tip of Croagh Marhin springing up
Like a tall shapely pine.
The crowd was making for them.
Jesus stopped; the apostles sat on tussocks around him.
"God's blessing on you, young and old," said Jesus.
90 "What a fine lively crowd you are!
Welcome to my company.
Some of you have come hungry for God;
More of you because the day's food
Pleased you yesterday at Móin na Ceapaí.
95 Don't be laboring for food that passes away
But labor for the living food
For eternal life,
That which the Son of Man will give you.

Is air a chuir Dia an tAthair a shéala."
"Cad air go bhfuil sé ag caint?"
Arsa duine os íseal.
"Cad tá le déanamh againne?"
Arsa duine eile os ard.
Chuala Íosa é seo agus d'fhreagair:
"Creidiúint ionamsa, an té a chuir sé uaidh."
"Ach cén comhartha atá á dhéanamh agat
Go bhfeicfimis is go gcreidfimis?
Féach mar a thug Maois fadó arán ó neamh
Mar a deir an Scrioptúr:
'Thug sé arán ó neamh dóibh le n-ithe.' "
D'fhreagair Íosa go mall tomhaiste:
"Ní hé Maois a thug an t-arán ó neamh,
Ach is é m'Athair a thugann
An t-arán ó neamh, an t-arán fírinneach.
Is é arán Dé an té a thagann anuas ó neamh
Agus a thugann beatha don domhan."
Bhí cluas ar Eoin ag éisteacht leis an gcaint sin.
Dúirt sé i gcogar le Tomás a bhí taobh leis:
"Ná deir sé gurb é féin an fhírinne agus an bheatha
Agus gur ar an bhfírinne a mhairimid."
"An ceart agat sa méid sin," arsa Tomás,
"Ach éist, tá breis á rá anois aige."
Ansan díreach d'ardaigh duine a ghuth sa slua.
"Tabhair dúinn an t-arán úd i gcónaí!"
"Féach! Tá bia agus deoch
Á dtairiscint agam daoibh.
An té a thagann chughamsa
Ní bheidh ocras air choíche
Agus an té a chreideann ionamsa,
Ní bheidh tart air choíche."

Bhí daoine sa tslua ag argóint le chéile
I dtaobh Íosa, agus a raibh á rá aige,
Go mór mór iad siúd a cheap

It's on him that God the Father set his seal."
100 "What's he talking about?"
Said someone in a low voice.
"What do we have to do?"
Asked another out loud.
Jesus heard him and replied
105 "Believe in me, the one he sent."
"But what sign do you perform
So that we'll see and believe?
Look how Moses long ago gave bread from heaven
As the Scripture says:
110 'He gave them bread from heaven to eat.'"
Jesus replied in measured tones:
"It was not Moses who gave the bread from heaven,
But it was my Father who gives the
Bread from heaven, the true bread.
115 The bread of God is he who comes down from heaven
And gives life to the world."
John was listening intently to this talk.
He whispered to Thomas beside him:
"Doesn't he say that he himself is the truth and the life
120 And that it's by the truth that we live?"
"You're right so far," said Thomas,
"But listen, he's going beyond that now."
Just then someone in the crowd raised his voice.
"Give us this bread always!"
125 "Look! I have food and drink
To offer you.
Whoever comes to me
Will never be hungry,
And whoever believes in me
130 Will never thirst."

Some of the crowd were arguing with each other
About Jesus and what he was saying,
Especially the ones who were sure

Cuan an Daingin
Caipín ar Shliabh an Iolair
Gan aon chaipín ar Chruach Mhárthain

"Cad déarfá le sinn a chur i dtír
Sa Cheathrúin nó sna Fotharacha?"

Dingle harbour
A cloud cap on Mount Eagle
No cloud on Cruach Mhárthain

"What would you think of landing us
In Ceathrú or in the Fotharacha?"

Go raibh aithne mhaith acu féin air.
"Nach é seo mac an tsiúinéara?"
"Conas go ndeir sé gurb é féin
An t-arán a tháinig anuas ó neamh?"
"Ní dúirt sé é, nó an ndúirt?"
"Ní gá dhaoibh a bheith ag argóint
  eadraibh féin.
Ní féidir d'éinne teacht chugham
Le creideamh ina chroí
Mura ndéanann an tAthair a chuir uaidh mé
É nó í a tharraingt chugham."
"Bhraitheamair an tarrac go deimhin,"
Arsa Matha i gcluais Pheadair,
"An lá úd ar an gcé."
Bhí ábhairín allaibhre ar Pheadar ach
Chuala Séamas Glúineach an cogar.
"Sea," ar sé, "táimid, tá ár gcreideamh
Ar a thriail inniu murab ionann is riamh."
Leis sin, d'ardaigh Íosa a ghlór:
"Is mise an t-arán beo
A tháinig anuas ó neamh.
Má itheann duine an t-arán seo,
Mairfidh sé go deo.
An t-arán a thabharfaidh mé uaim
Is é m'fheoil é a thabharfar
Ar son bheatha an domhain."
"Ní thuigim in ao' chor é,"
Arsa Iúdás le Parthanán
A bhí ina shuí ár thurtóig taobh leis.
"Ní gá an tuiscint,
Is leor an creideamh"
An freagra a fuair sé.
Ach bhí ceist á chur ag a lán daoine:
"Conas a d'fhéadfadh éinne, dá mba é Dia féin é.
Moladh go deo leis, a chuid feola a thabhairt le n-ithe?"
Chualaigh Íosa an chaint sin,

That *they* knew him well.
135 "Isn't he the carpenter's son?"
"How can he say that he himself is
The bread that came down from heaven?"
"He didn't say that ... or did he?"
"There's no need for you to be arguing among
   yourselves.
140 It's impossible for anyone to come to me
With faith in his heart
Unless the Father who sent me
Draws him or her to me."
"We felt the tug, all right,"
145 Said Matthew in Peter's ear,
"That day on the pier."
Peter was a little bit deaf, but
James of the Knees heard the whisper.
"Yes," he said, "We are—our faith is—
150 Being tested today as never before."
With that, Jesus raised his voice:
"*I* am the living bread
That came down from heaven.
If a person eats this bread,
155 He will live forever.
The bread that I will give
Is my flesh which is given
For the life of the world."
"I don't understand him at all,"
160 Said Judas to Bartholomew
Who was sitting on a tussock by his side.
"There's no need to understand,
It's enough to believe,"
Was the answer he got.
165 But a lot of people had a question to ask:
"How could anyone, even if it were God himself—
Praise to him forever!—give his own flesh to eat?"
Jesus heard this talk,

Ach in áit bheith ag iarraidh míniú a thabhairt
Lean sé air ag treisiú lena raibh ráite aige:
"Go deimhin féin, mura n-íosfaidh sibh
Feoil Mhac an Duine,
Agus a chuid fola a ól,
Ní bheidh beatha agaibh ionaibh."
"Ná déarfá go mbeadh 'sa aige"
Arsa scuibile scafánta os ard
"Go bhfuil ocras ar a lán againn!"
D'fhreagair duine eile:
"Is baolach nach é an t-ocras ceart
Atá ar a lán againn." "Dún do chlab!" arsa duine eile.
Bhí guth Íosa le clos go soiléir:
"An té a itheann m'fheoil
Agus a dh'ólann m'fhuil
Tá an bheatha shíoraí aige
Agus tógfaidh mé suas é
An lá deireanach."
"Dia leat! Sin í an chaint!"
Arsa sean-bhean ón g*Colony*
A tháinig an tslí go léir de shiúl cos.
Dúirt Íosa arís:
"An té a itheann m'fheoil
Agus a dh'ólann m'fhuil,
Cónaíonn sé ionamsa
 Agus cónaímse ann."
"Sin aontas agus cairdeas," arsa Eoin le Peadar,
"Sin neamh ar talamh!"

Bhí an slua míshuaimhneach,
Murab ionann agus Eoin.
Dúirt a lán acu: "Is cruaidh an chaint í,
Cé d'fhéadfadh éisteacht léi?"
Thosnaíodar ag sleamhnú leo
Ina nduine agus ina nduine ar dtúis
Ach ansan ina scuainí fada,

But instead of trying to explain,
170 He continued to back up what he'd said:
"Indeed, unless you eat
The flesh of the Son of Man
And drink his blood
You shall not have life in you."
175 "Wouldn't you think he'd know,"
A tall lanky fellow said loudly,
"That many of us are very hungry."
Someone else replied:
"I'm afraid it's not the right kind of hunger
180 A lot of us have." "Shut your trap!" said another.
The voice of Jesus was clearly to be heard:
"Whoever eats my flesh
And drinks my blood
Has eternal life,
185 And I will raise him up
On the last day."
"God bless you! That's the way to talk!"
Said an old woman from the Colony,
Who had come the whole way on foot.
190 Jesus said again:
"Whoever eats my flesh
And drinks my blood
Lives in me,
And I live in him."
195 "That is unity and friendship," said John to Peter.
"That is heaven on earth!"

The crowd was uneasy,
Unlike John.
A lot of them said "This is a hard saying.
200 Who can accept it?"
They began to slip away,
One by one at first
But then in long streams

Síos chun na mbád, nó an bóthar abhaile.
"Cloisfimid agus éisteoimid leat
Uair éigin eile," arsa cuid acu
Ag bogadh leo go leathscéalach.
Ba ghearr ná raibh fágtha ach an dáréag.
D'fhéach Íosa timpeall orthu.
"An dteastaíonn uaibhse leis imeacht?" ar sé.
D'fhreagair Peadar ar a son go léir, go bhfios dó:
"A Thiarna, cé chuige a raghaimis?
Is agatsa atá briathra na beatha síoraí.
Chreideamair agus tá's againn
Gur tusa Neach Naofa Dé."
D'fhreagair Íosa agus tocht ina scornaigh:
"Thoghas dháréag agaibh
Agus is diabhal duine agaibh.
Seo linn. Tá deireadh ráite."
Bhogadar leo bóthar an tSleasa siar
Trí Bhaile Mhic An Daill,
Baile An Ghóilín, Ráithíní Thuaidh—
Mar ar ghuíodar dos na mairbh—
Agus síos le fánaidh Bhóthar an Teampaill.
Chasadar chun na Cluaise
Ag Crosaire an Bhóthair Bhuí.
Ní fios go cruinn cár ghabhadar ina
   dhiaidh sin
Bhí an oíche ann, oíche spéirghealaí.
Bhí draíocht ag baint léi.
Deir daoine gur ghabhadar
Suas Bóthar an Phóna
Go Muileann an Ghliamaigh,
An Baile Riabhach, an Baile Íochtarach;
Gur ghuíodar arís ag Reilig Chill Drom
Sarar chasadar i dtreo Chom Ga,
Ulacha ar dheis acu,
Agus ó thuaidh leo go Mám
   Bhaile na nÁith.

Down to the boats, or the road home.
205 "We'll come and listen to you
Some other time," said some of them,
Moving off apologetically.
Soon there was no one left but the twelve.
Jesus looked around at them.
210 "Do you also want to go?" he asked.
Peter answered on behalf of all, as far as he knew:
"Lord, to whom should we go?
You have the words of eternal life.
We believed and we know that
215 You are the Holy One of God."
Jesus replied, with a catch in his throat:
"I chose twelve of you,
And one of you is a devil.
Let's get going. I've said enough."
220 They moved westwards on the Slios Road
Through Baile Mhic an Daill,
Baile an Ghóilín, Ráithíní Thuaidh—
Where they prayed for the dead—
And down the slope of the Church Road.
225 They turned toward Cluais
At Crosaire an Bhóthair Bhuí.
It's not know exactly where they headed aftrwards,
    because
It was night then, a starlit night.
There was magic in it.
230 People say that they went
Up the Pound Road
To Gliamach's Mill
Baile Riabhach and Baile Íochtarach;
That they prayed again at Cill Drom Graveyard
Before turning towards Com Ga,
235 Ulacha on their right,
And then on north to the mountain pass of
    Baile na nÁith.

Bheannaigh Íosa, a deirtear,
Paróistí An Fheirtéaraigh agus An Daingin
Ón áit sin sarar chas sé ar dheis
I dtreo an Gharráin agus Léim 'ir Léith
Agus síos amach go dtí an Droichead Bán.
Treasna an bhóthair ansúd, más fíor,
A ghabhadar go dtí Clocháin na nGleannta
Mar ar chaitheadar an oíche.
Is cinnte gur ghabhadar an seanbhóthar
Síos go Mullach Bhéal
Go luath lá arna mháireach,
Mar chonaic Labhrás ag gabháil
Thar Loch na mBan iad
Nuair a bhí sé amuigh ag comhaireamh na gcaorach.

Jesus blessed, it's said,
The parishes of Ballyferriter and Dingle
From there, before turning right
240 Towards Garrán and Léim 'ir Léith
All the way down to the White Bridge.
They went across the road there, if it's true,
To the Clocháin of Glens
Where they spent the night.
245 It's certain that they took the old road
Down to Mullach Bhéal
Early the following day,
Because Larry saw them going
By Loch na mBan
250 When he was out counting up the sheep.

Notes: The Bread from Heaven

2 **Fungi** – Dingle Bay's popular and friendly resident wild dolphin.
26 "You're most welcome from the west" is a stock phrase, but Davy realizes that it doesn't fit in this case.
34 The first line of a traditional song.
44 **Rinn** – "Point". In this case **Rinn Bheag**, "Small Point", is the full name, and it's at the harbor mouth.
45 **Dún Sian** – "Fort of Sian." Sian is a personal name, and the original form was probably Séanna.
49 **Ceathrú** – "Quarter". The name of a townland, referring to a quarter of land.
49 **Fotharacha** – "Ruins". Another townland name referring to the ruins of houses.
68 **Cluais** – "Ear". Here it refers to the townland which takes its name from the Ear Bank.
86 **Buaircín** doesn't have an exact translation; it occurs in a children's game.
148 According to Irish tradition, the apostle James prayed so often on his knees that the skin on them became as rough as a camel's.
188 **Colony** – the site of a former evangelical Protestant colony near the pier in Dingle.
220 **Sleasa** – the genitive case of "slios", "slice". The road along the "slice" of hill.
221 **Baile Mhic an Daill** – "Townland of the Son of the Blind One." The "blind one" referred to was a harper of former times.

222 **Baile an Ghóilín** – "Townland of the Little Strait". The strait in question is at the upper part of Dingle Harbor.
222 **Ráithíní Thuaidh** – "The Little Forts to the North", or perhaps "The Little Forts of Buaidh" (a goddess) with some confusion about the initial of the second word.
226 **Crosaire an Bhóthair Bhuí** – "The Crossroads of the Yellow Road".
231 "Pound", as in cattle pound.
232 **Baile Riabhach** – "Townland of the Rough Pasture".
232 **Baile Íochtarach** – "Townland at the Foot of the Hill".
233 **Cill Drom**- "Church of the Hillock". **Drom** is probably for "Droma" and refers to the slope of the hill; the local medieval parish is known as "Paróiste Chill Drom".
234 **Com Ga**. A "Com" is a partially closed glen. "Ga" is a spear, and it would mean "The Com Shaped like a Spear". However it's sometimes spelled gCath, in which case the name would be "The Com of the Battles."
236 **Baile na nÁith** – "Townland of the Kilns". The kiln referred to was for drying corn.
240 **Garráin** – the genitive of "garrán", "grove".
243 **Clocháin** – " beehive huts".
246 **Mullach Bhéal** – "Summit of the Openings", in this context "Summit of the Pass". A townland at the end of this pathway.
249 **Loch na mBan** – "Lake of the Women", a small, hidden lake.

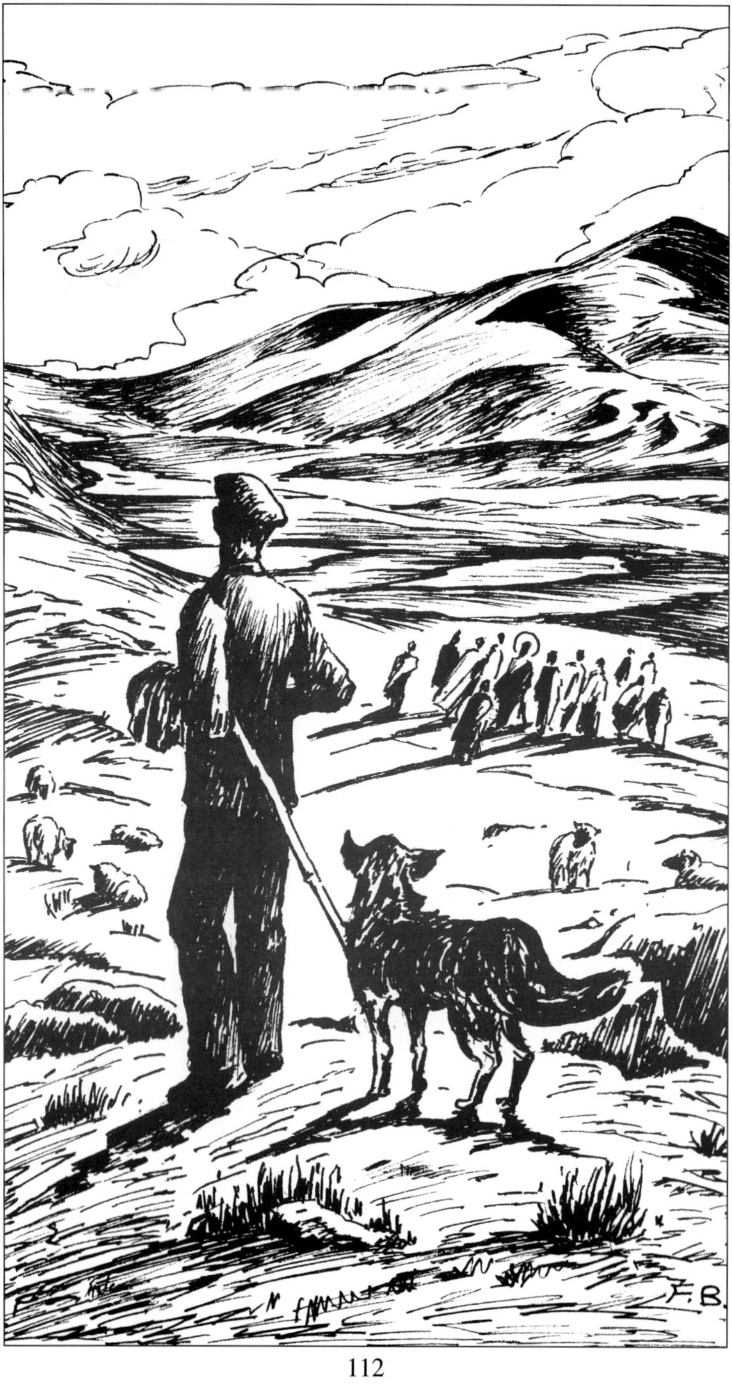
F.B.

"Síos go Mullach Bhéal"
"Down to Mullach Bhéal"

VI

Íosa ar an nGairtheanaigh

D'imigh Labhrás, nó Lazaras mar a thugadh
Cuid des na comharsain air, chun cnoic
Ag comhaireamh a chuid caorach.
Bhíodar scaipthe thall is abhus
Ó Shliabh an Fhia soir amach go dtí an Stroicín,
Agus siar amach chomh maith go Géarán geall leis,
Agus ó thuaidh go Com an Áir.
B'in a raibh aige de bharr a bheith chomh tógtha
Le Fear Ghaililí—"ach nach measa mo
    dhrifiúracha,"
Ar sé leis féin agus b'fhada leis go raibh
An comhaireamh déanta agus an tréad go léir
Le chéile arís aige.
Bhí sé tnáite curtha ag filleadh abhaile dó.
Dhein Marta an tae dó mar ba ghnáth.
Nuair a bhí bia ite aige
Leag sé a leaba amach ar an urlár dó féin
Agus thit a chodladh air.
Dhúisigh sé in am mharbh na hoíche
Agus an-thinneas ina chliabhlaigh.
Ghlaoigh sé ar Mharta. "A Mharta," ar sé
"Tá an-dhrochthinneas im' bolg,
An bhfuil aon ní agat dom?"
"N'fhéadfainn a fháil duit ach deoch uisce te,
Ach nuathair b'fhéidir go ndéanfadh sin
Maitheas duit, a thaisce." D'éirigh,
D'fháisc sí a brat timpeall uirthi féin,
Bhain sí an luath den ngríosaigh,
Agus sháigh sáspan isteach inti.
Ba ghearr go raibh gal as.
Steall sí taoscán den uisce
Isteach i muga mór Labhráis,

VI

Jesus in Garfinney

1 Larry, or Lazarus
  As some of the neighbors called him, left for the hills
  Counting his flock of sheep.
  They were scattered here and there
5 From Sliabh an Fhia way over to Stroicín,
  And away west almost as far as Géarán,
  And north to Com an Áir.
  That was what he got for being so taken up
  With the Man of Galilee—"But my sisters are worse yet,"
10 He said to himself, and he was longing
  To have the count done and the entire flock
  Together again.
  He was completely exhausted when he returned home.
  Martha made the tea for him as usual.
15 When he'd eaten,
  He spread his bed out for himself on the floor
  And fell asleep.
  He awoke in the dead of night
  With a great pain in his belly.
20 He called to Martha. "Martha," he said
  "There's a terrible pain in my belly.
  Do you have anything to give me?"
  "All I can give you is a drink of warm water,
  But sure maybe it'll do you
25 Good, my treasure." She arose,
  And wrapped her shawl around herself.
  She brushed back the ashes from the embers and
  Thrust the saucepan into them.
  Soon it was steaming.
30 She poured some of the water
  Into Larry's big mug,

Chroth gráinne piobair air
Agus shín chuige é.
Thóg seisean cúpla bolgam as
Agus luigh siar arís ag osnaíl.

Dhúisigh Máire agus thuig ar an dtoirt
Go raibh Lábhrás an-bhreoite.
Ar a glúine léi ag achairt chun Dé
Fóirithint ar an easlán.
Ach fóirithint níor deineadh air.
Deir siad anois, agus daoine níos eolgaisí
Ar chúrsaí tinnis agus leighis,
Gurb' ann a phléasc an appendix.
Faoi mhaidin ba mheasa fós an fear bocht.
"Dá mbeadh Íosa anseo
Leighisfeadh sé é siúrálta," arsa Máire.
Chuala Labhrás an chaint sin, agus dúirt
De chogar glotharánach:
"Laistíos de chnoc a bhí sé inné;
Chonac uaim é ag teacht amach as Mullach Bhéal."
"Sea," arsa Marta go fústarach,
"Glaofad ar Sheáinín Thaidhg Ó Dubhda
Agus iarrfad air dul agus a rá leis
Teacht, go bhfuil a chara Labhrás,
An-bhreoite, i mbéal báis."
Níorbh fhada go raibh an teachtaire
An Chonair ó thuaidh agus síos le fánaidh
I dtreo an Chlocháin mar go bhfaca sé uaidh
An slua daoine cruinnithe ar imeall thiar an bhaile.
Nuair a shrois sé ansúd bhí Íosa i lár
   baill
Agus é á rá leis an bpobal gan aon eagla a bheith orthu
Roimh Chrom Dubh ná aon Chrom eile,
Ach muinín a bheith acu as ár nAthair atá ar neamh.
Chuir Seáinín béic as le mífhoighne:
"A Íosa, tá do chara Labhrás an-tinn.

Sprinkled a grain of pepper on it,
And held it out to him.
He took a couple of mouthfuls
35 And lay back down again with a groan.

Mary awoke and understood at once
That Larry was very sick.
On her knees with her beseeching God
To come to the aid of the sick one.
40 But no relief came to him.
They say, now that people are more knowlegeable
About sickness and the art of healing,
That it was that his appendix ruptured.
By morning, the poor man was worse yet.
45 "If Jesus were here,
He'd heal him surely," said Mary.
Larry heard that and said
In a hoarse whisper:
"He was below the hill yesterday;
50 I saw him coming out from Mullach Bhéal."
"Yes," said Martha, very flustered,
"I'll call Seáinín Thaidhg Ó Dubhda
And I'll ask him to go and tell him to
Come, that his friend Larry is
55 Very sick, at the point of death."
It wasn't long till the messenger was
Headed north through the Conor Pass and down the slope
To Cloghane, for he sighted
A crowd gathered on the western edge of the village.
60 When he reached it, Jesus was there in the middle of the group
Telling the people not to fear Crom Dubh or any other Crom,
But to have faith in our Father in heaven.
Seáinín called out impatiently:
"Jesus, your friend Larry is very sick.

D'iarr Marta agus Máire ort teacht á leigheas."
"Bead chuige in am trátha,
Ach níl deireadh déanta fós agam ar an
　　dtaobh so.
Caithfead bualadh siar go Lios na Caolbhuí
Mar a bhfuil cuireadh ar leith fachta agam."

Chaith Seáinín a bheith sásta;
D'fhill ar a sháil ar an nGairtheanaigh,
Sall go leadránach thar an seandroichead
Mar ar chaith sé púróg isteach san abhainn.
Bhí olagón le clos.
Bhí Labhrás tar éis bháis.
Bhí na comharsain cheana féin ag teacht
Ag déanamh comhbhróin
Agus ag réiteach don dtórramh,
Mar gur mhór an púir é—
Fear óg a bhí ag cuimhneamh ar phósadh.
Marta agus duine des na comharsain
A chóirigh faoina eisléine é
Agus a shín faoi chlár é
Agus a las na coinnle.
Ag olagón a bhí Máire:
"Ochón agus ochón ó.
Ba bhreá an fear tú
Ar aonach an Daingin.
Ochón agus ochón ó.
Nach luath a sciobadh uainn thú
Agus ó do ghrá geal.
Ochón agus ochón ó.
A Íosa, canathaobh nár tháinís
Mar nárbh aon dua duit é thártháil? ..."
Cuireadh lá arna mháireach é
I dtuama mórchraosach na muintire.
Tá sé le feiscint fós, tamall isteach
Ón gcosán ar chlé—ceann díobh siúd

65 Martha and Mary ask you to come to heal him."
"I'll be on my way to him in due course,
But I haven't got done with what I need to do around here.
I have to head out west to Lios na Caolbhuí
Because I've got a special invitation there."

70 Seáinín had to be satisfied.
He turned on his heel and went back to Garfinney,
Meditatively crossing the old bridge
Where he threw a pebble into the river.
He could hear a loud lament.
75 Larry was dead.
His neighbors were already coming
Making their condolences
And preparing for the wake,
For he was a great loss—
80 A young man who was thinking of marrying.
It was Martha and one of her neighbors
Who had wrapped him in his shroud
And laid him out and lit the candles.
Mary was wailing:
85 "Ochone and ochone oh!
You were the fine man
At the Dingle Fair.
Ochone and ochone oh.
How early you were snatched from us
90 And from your sweetheart.
Ochone and ochone oh!
Jesus, why didn't you come
For it would have been no trouble to you to come to his rescue ...?"
He was buried the following day
95 In the wide-mouthed family tomb.
You can still see it, a little bit in
From the footpath on the left—one of those

Gur scoilteadh na leacacha orthu
Nuair a dódh an fhiaile go léir anuraidh.
Bhí an-chion ag na comharsain ar Mhairta
Mar go raibh sí chomh déirciúil sin,
Agus ar Mháire leis, ach gur gheall
Le duine le Dia í lena geámaí aithrí
Is síorphaidireoireachta ó d'fhill sí ó Chorcaigh.
D'fhan na comharsain ag teacht
Ar feadh cúpla lá ag cáiseamh
A scéil leis an mbeirt
Agus ag déanamh cúraimí tí agus tréada dóibh.
Bhíodh cuid acu ag cur tuairisc Íosa,
Agus á rá gur trua nach raibh in am
Mar go mb'fhéidir go leighisfeadh sé é.
Bhí scéala faoi Íosa ag cuid acu:
"Chuala go raibh sé i mBaile na Leacan inné"
Arsa duine; "N'fheadar ná go bhfaca
Muiris Phaid Phaidí istigh i nGleann Sean-Choirp
Ar maidin inné é," arsa duine eile.
"Bhí sé ansúd istigh ag faire ar a sheans
Ag ceannach gamhna is dócha."
Trí lá tar éis Labhrás a chur
Tháinig scéala cinnte go raibh sé féin
Agus a chomhluadar aspal an Chonair
    anuas.
Bhí eolas na slí go maith aige—ar chlé ag
Com an Bhodhlaeirigh agus an cóngar
    i leith.
Bhí daoine tagtha ó Thrá Lí
Agus ó Chorcaigh, gaolta do mhuintir an tí.
Ba bhreá leosan Íosa a fheiscint
Toisc mar a chuaigh sé i bhfeidhm ar Mháire
Agus chuir ar bhóthar a leasa í.
"Ca'bh'os daoibh," a dúirt duine acu arís,
"Ná leighisfeadh sé Labhrás, beannacht Dé leis,
Dá dtiocfadh sé nuair a fuair sé scéala."

Whose flagstones were split
When all the weeds were burned last year.
100 The neighbors had great love for Martha
Because she was so generous to the poor,
And for Mary as well,—but she was like one of
    God's simple ones,
With her wild gesticulations of penance
And incessant praying since she'd returned from Cork.
105 The neighbors kept coming in for a few days,
Sympathizing with the two,
And taking care of the house and livestock for them.
Some of them were inquiring for Jesus
And saying it was a pity that he hadn't been there in time
110 For he might have cured him.
Some of them had news of Jesus:
"I heard that he was in Baile na Leacan yesterday,"
Said one. "I don't know but that
Muiris Phaid Phaidí saw him in Gleann Sean-Choirp
115 Yesterday morning," said someone else.
"I suppose Muiris was in there looking for his chance
To buy a calf."
Three days after Larry's burial
Came certain news that he himself
120 And his company of apostles were coming down
    Conor Pass.
He knew the way well—on the left at
Com an Bhodhlaeirigh, and the shortcut the rest of
    the way.
There were people still there who had come from Tralee
And from Cork, cousins of the family.
125 They'd be glad to see Jesus
Because of the way he'd influenced Mary
And put her on the right path.
"You'd never know," said one of them again,
"If he would not have healed Larry, God's peace on him,
130 If he'd come when he got the news."

"Sall go leadránach thar an seandroichead"
"Meditatively crossing the old bridge"

"Cuireadh é … i dtuama mórchraosach na muintire"
"He was buried … In the wide-mouthed family tomb"

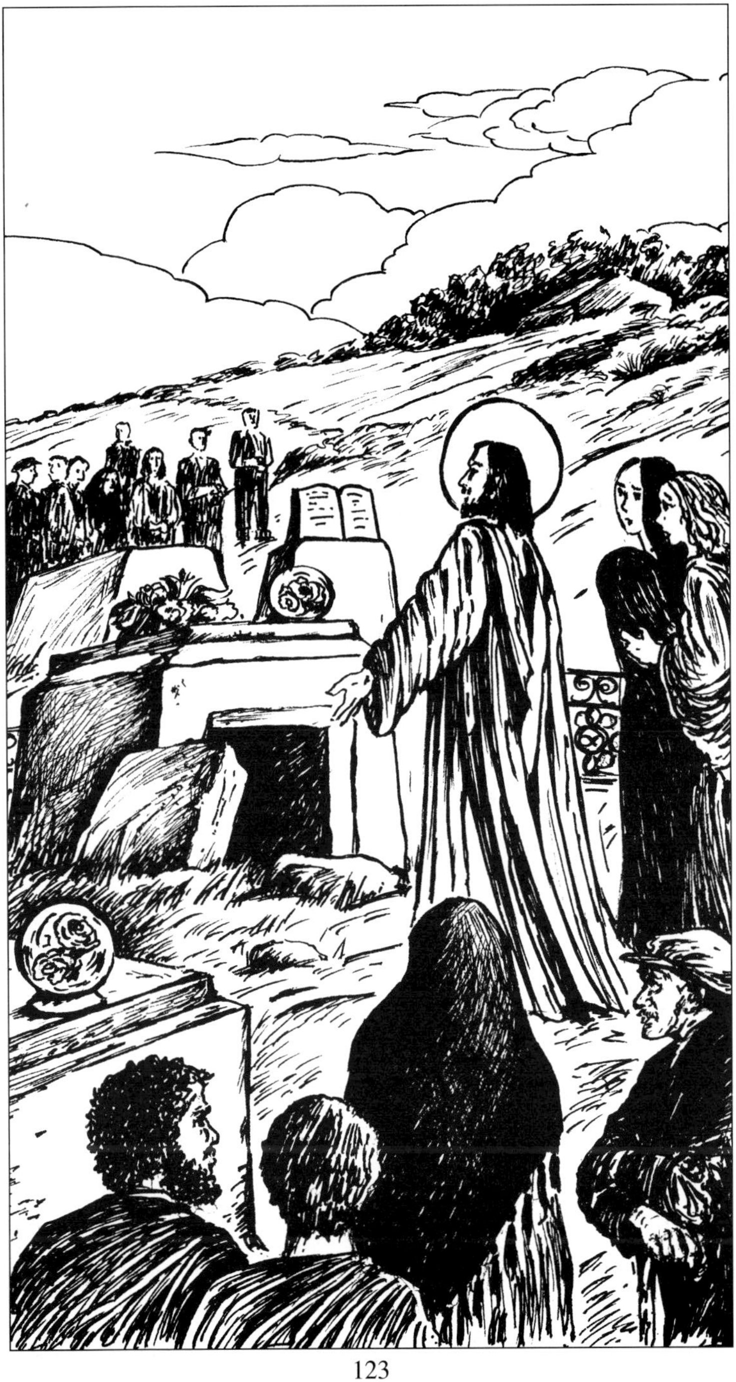

Bhí Íosa chucu anuas, gan aon deabhadh mór
Á dhéanamh aige, Peadar agus an chuid eile
Ag caint is ag cadaráil gan aon chuimhneamh poinn
Acu ar an bhfear a bhí curtha.
Nuair a chonaic Marta Íosa an geata isteach
Rith sí amach ina choinne agus a gruaig
Ag imeacht le gaoith.
"A Íosa, a mháistir, dá mbeifeá anso
Ní bhfaigheadh mo dhreatháir bás.
Ach tá's agam anois féin,
Pé rud a iarrfaidh tú ar Dhia,
Go dtabharfaidh sé duit é."
"Éireoidh do dheartháir arís," arsa Íosa.
"Tá's agam go n-éireoidh sé an lá deireanach,
Lá Philib an Chleite. Is baolach gur fada
An fanacht atá romhainn."
"Cuir uait anois, a Mharta," arsa Íosa, "agus éist
    liom.
Mise an tAiséirí agus an Bheatha.
An té a chreideann ionamsa,
Fiú amháin má fhaigheann sé bás, mairfidh sé.
Gach duine a mhaireann agus a chreideann ionamsa
Ní bhfaighidh sé bás choíche.
An gcreideann tú an méid sin?"
Bhí Marta ar a dícheall ag iarraidh
An sórt seo cainte a thuiscint.
Bhí sí deimhnitheach, áfach, go raibh gach focal
A tháinig as a bhéal fíor amach.
B'fhéidir gur fearr a thuigfeadh Máire
An chaint dhiamhair seo.
Thug sí saghas éigin freagra ar an gceist,
Nó freagra ar cheist a bhí gaolmhar leis:
"Creidim gur tú Críost,
    Mac Dé, an té
A bhí le teacht ar an saol."

Jesus was heading down to them, without any great
Hurry, Peter and the others
Talking and gossiping without much thought
About the man who was buried.
135 When Martha saw Jesus coming in at the gate,
She ran out to him, her hair
Flying in the wind.
"Jesus, Master, if you'd been here
My brother wouldn't have died.
140 But even now I know,
Whatever you ask of God
He'll give it to you."
"Your brother will rise again," said Jesus.
"I know that he'll rise on the last day,
145 The day of Philip of the Feather. I'm afraid
That we're due for a long wait."
"Put that aside now, Martha," said Jesus, "and listen to me.
I am the Resurrection and the Life.
He who believes in me,
150 Even if he dies, shall live.
Everyone who lives and believes in me
Will never die.
Do you believe that much?"
Martha was straining
155 To understand this kind of talk.
She was certain, however, that each word
That came from his mouth was absolutely true.
It was possible that Mary would've better understood
This mysterious talk.
160 She gave some sort of answer to the question,
Or answer to a question that was related to it:
"I believe that you are Christ, the Son of God, the one who
Was to come down into the world."

125

Rith sí léi ansan isteach 'on tigh.
"Tair anso, a Mháire," ar sí,
"Tá Íosa anso agus é ag glaoch ort."
Phreab Máire ina suí agus amach léi
Agus chaith í féin ag cosa Íosa,
Rug greim ar a ghlúine agus phóg iad.
"Ochón, ochón," ar sí, "dá mbeifeá anso
Ní bhfaigheadh Labhrás bocht bás."
Bhailigh na comharsain go léir timpeall orthu
Agus seo iad ag gol go fuíoch.
Íosa féin, chrom sé ar ghol mar dhuine díobh.
"Nach mór an cion a bhí aige air," arsa cuid acu,
"Is dócha go raghaidh sé chun guí ar a thuama."
"Cá bhfuil sé curtha agaibh?"
"Anso thiar i reilig na Gairtheanaí," arsa Marta,
"Téanaíg siar im' theannta."
Bhogadar leo siar.
"Nár thug sé radharc do dhalla agus lúth do bhacaigh?
Ná féadfadh sé Labhrás a leigheas leis?" arsa daoine.

Bhí Máire agus Marta croí trom agus cos trom
Ag cabhrú le chéile ar an mbóthar achrannach
Chun na reilige. Stad Marta go hobann agus
D'fhéach ar Mháire. "An bhfuil fhios agat cad dúirt sé—
'An té a chreideann ionamsa, ní bhfaighidh sé bás
  choíche.'
Aon tuairim agat cad a chiallaíonn an chaint sin?"
"Is deacair í a thuiscint …
B'fhéidir gur b'in ceann des na rudaí a deir sé
Nach féidir linn a thuiscint anois,
Ach go míneoidh an Spiorad Naomh dúinn é
Nuair a chuirfear chughainn mar chomhairleoir é."
Bhí an slua ag dul an geata isteach chun na reilige.
Chaith Marta agus Máire brostú.
Bhí Íosa cheana féin ag an dtuama.
Bhí suaitheadh agus buairt air

Then she ran into the house.
165 "Come here, Mary," she said,
"Jesus is here and he's calling for you."
Mary started up, and out she went
And threw herself at the feet of Jesus,
Grabbed him around his knees and kissed them.
170 "Ochone, ochone," she said, "If you'd been here
Poor Larry wouldn't have died."
All the neighbors gathered round them
And they began shedding tears copiously.
Jesus himself began to cry like one of them.
175 "How he loved him," said some of them.
"I suppose he'll go pray at his tomb."
"Where have you buried him?"
"Just west there in Garfinney graveyard," said Martha,
"Come back with me."
180 They wended their way back slowly.
"Didn't he give sight to the blind, and agility to the lame?
Couldn't he have cured Larry too?" people said.

Mary and Martha were heavy hearted and heavy footed
Helping each other on the rough road
185 To the graveyard. Martha stopped suddenly and
Looked at Mary. "Do you know what he said—
'He who believes in me will never
    die.'
Do you have any idea what he meant by that?"
"It's hard to understand it …
190 Perhaps that's one of the things he says
That we can't understand now,
But the Holy Spirit will explain to us
When he's sent to us as counsellor."
The crowd was going in the gate of the graveyard.
195 Martha and Mary had to hurry.
Jesus was already at the tomb.
He was grieved and upset

127

Ach ansin gheal a ghnúis agus labhair go
   tomhaiste:
"Aistríg an líog!"
"Ó, mo chráiteacht," arsa Marta, "inniu an ceathrú lá.
Tá boladh uaidh faoin am seo."
D'fhéach Íosa ina treo agus loinnir ina ghnúis.
"Má chreideann tú feicfidh tú glóir Dé!" ar sé.
Ansin ag ardú a shúl chun na bhFlaitheas dúirt:
"Gura maith agat, a Athair, mar gur éistís liom,
Mar a dhéanann tú i gcónaí.
Ar a son so im' thimpeall atáim ag labhairt leat
   anois;
Teastaíonn uaim go gcreidfidís
Gur chuiris uait anuas ina measc mé."
Stán sé ar na fearaibh ina thimpeall.
"Aistríg an líog, len bhur dtoil!"
Ní raibh aon mhoill orthu á dhéanamh
—ní raibh aon seimint curtha leis fós pé scéal é.
Ansan ghlaoigh Íosa de ghlór ard:
"A Labhráis, tair amach!"
Tháinig critheagla ar chuid den slua
Nuair a chualadar an útamáil istigh sa tuama.
"A thiarcais! Dia linn! Go bhfóire Dia orainn!"
Ar siad, agus thit cuid acu geall leis anuas
Des na poirt ar a rabhadar.
D'fhan Marta agus Máire taobh le hÍosa
   ina staic.
Sháigh Labhrás a cheann amach as an dtuama
Agus é fillte fós ina eisléine agus an brat
A bhí ar a cheannaithe ar sileadh leis.
"Scaoilíg é agus bíodh cead a chos agus a chinn aige"
Arsa Íosa. Rith Marta anonn chuige
Agus ba ghearr an mhoill uirthi
An eisléine a bhaint de, barróg a bhreith air
Agus é a fháisceadh lena croí.
Níor fhan focal ag Máire ach

But then his face brightened, and he said in measured
   tones:
"Remove the stone."
"Oh, misery," said Martha, "today's the fourth day.
By this time he stinks!"
Jesus looked at her with a shining face.
"If you believe, you'll see the glory of God!" he said.
Then, lifting his eyes to Heaven, he said:
"Thank you, Father, because you listened to me
As you always do.
For the sake of these around me I'm speaking to you
   now.
I want them to believe
That you've sent me down among them."
He looked at the men around him.
"Move the stone, please!"
It took them no time to do so—
It hadn't been cemented yet anyway.
Then Jesus called in a loud voice:
"Larry, come out!"
Some of the crowd shook with fear
When they heard groping inside the tomb.
"Good Lord! God be with us! God help us!"
They said, and some of them very nearly fell off
The banks they were on.
Martha and Mary remained standing stupefied beside
   Jesus.
Larry poked his head out of the tomb,
Still wrapped in his shroud, and the covering
That was on his face hanging loose.
"Set him free, hand and foot"
Said Jesus. Martha ran over to him and
In no time she had
Taken the shroud off, given him a hug,
And pressed him to her heart.
Mary had no word to say except

"Moladh is buíochas le Dia
Agus leatsa, a Íosa."
"Moladh le Dia. Moladh le hÍosa,"
   arsa an slua
As béal a chéile, ach an fodhuine meastúil
Nár mheas gur chóir míorúilt mar seo,
Má ba mhíorúilt é,
   a dhéanamh
Ar mhaithe le hainniseoirí agus peacaigh mar
   iad seo,
Leithéid Mháire go háirithe,
A chaith a saol le drabhlás.
Bhailigh a lán timpeall ar Labhrás,
Cuid acu ag breith ar láimh air,
'Éint an raibh sé ann dáiríre
Nó ar sprid é. A thuilleadh á bhraith
'Éint an raibh sé fós fuar—rud a bhí.
Bhí daoine eile lán d'fhiosracht
Ag iarraidh é a cheistiú
Mar gheall ar an saol eile.
"B'fhearr duit dul abhaile,"
Arsa Íosa le Labhrás "agus greim a ithe.
Is fada ó bhí aon rud le n-ithe agat"
Scaip an slua agus níor fhill ar an dtigh
Fara muintir an tí ach a ngaolta.
D'imigh Íosa agus na haspail leo
Ar ais thar Conair síos.
Ní raibh turas tugtha fós acu
Ar Chaisleán Ghriaire.

Shuigh Labhrás chun boird
Nuair a bhí an tae tairricthe.
Ní raibh aon ocras ar éinne eile.
Bhíodar go léir ag faire ar Labhrás.
Sea, bhí sé beo, bhí sé ag ithe,
Cé nach raibh sé chomh cainteach

"Praise and thanks to God
And to you, Jesus."
"Praise God! Praise Jesus!" the crowd said of one voice—
Except for the odd respectable person
235 Who didn't think that it was right
That a miracle like this, if miracle it was, should be performed
For the sake of wretched people and sinners like these—
Like Mary in particular,
Who'd spent her life in debauchery!
240 Many gathered around Larry.
Some of them shook hands with him
To see if he were really there, or
If he was a ghost. More were feeling
Whether he was still cold—which he was.
245 Other people were full of curiosity
Trying to question him
About the other life.
"You'd better go home,"
Jesus said to Larry, "and have a bite to eat.
250 It's a long time since you ate anything."
The crowd scattered and didn't return
With the people of the house, except for their relatives.
Jesus and the apostles went off
Down over Conor Pass.
255 They hadn't yet paid a visit
To Caisleán Ghriaire.

Larry sat at the table
When the tea was brewed.
Nobody else was hungry.
260 They were all watching Larry.
Yes, he was alive, he was eating,
Though he wasn't as talkative

Agus ba ghnáth leis.
"Aon scéal ón dtaobh thall?"
Arsa Siobhán na bPaidreacha.
"Ní foláir ná rabhas ach leath slí …
Ba gheall le taibhreamh é …
Agus dála an taibhrimh,
Ní mór is cuimhin liom faoi,
Ach go rabhas ar mo shuaimhneas,
Gan mhairg faoin spéir,
Ach ag déanamh iontais den ngile
Agus den solas go léir.
Ná deir Íosa gurb é féin
An tslí, an fhírinne, agus an bheatha.
Ní raibh sé 'mithe romham,
Agus is dócha gur b'in an fáth
Nár bhaineas ceann scríbe amach."
"An bhfuil aon chomhairle agat dúinn
Tar éis a bhfuil gafa tríd agat?" arsa Marta.
"Níl agam le rá ach géilleadh dó,
Muinín a chur ann agus déanamh mar a deir sé."
"An mbeidh braon eile tae agat?" arsa Marta.
"Moladh is buíochas le Dia,
Mo ghraidhin croí é Fear na Gailíle.
Beidh braon againn go léir," arsa Máire.

As usual.
"Any news from the other side?"
265 Asked Siobhán of the Prayers.
"I must've been but half way …
It was like a dream …
And like a dream
I don't remember a lot about it,
270 But that I was completely at ease,
Without a worry in the world,
But admiring the brightness
And all the lights.
Doesn't Jesus say that he himself
275 Is the Way, the Truth and the Life?
He wasn't gone before me
And probably that's why
I didn't reach the final destination."
"Do you have any advice for us
280 After what you've been through?" asked Martha.
"I have nothing to say but yield yourself to him,
Put your confidence in him, and do what he says."
"Would you like another drop of tea?" said Martha.
"Praise and thanks to God!
285 My heart's love to you, Man of Galilee!
We'll all have a drop," said Mary.

Notes: Jesus in Garfinney

5 **Stroicín** – "Sharp Peak".
6 **Géarán** – another place-name also meaning "Sharp Peak".
7 **Com an Áir** – "The Com of Slaughter". Its name comes from the curious pieces of wood shaped like small spears that can be picked up from the peat, leading to the legend of a battle there. **Com an Áir** is also the name of a Fenian lay.
61 **Crom Dubh** – "Black Crom", the God of Darkness. He corresponds to Balor, who battled Lugh, the God of Light. In Irish Christian tradition, Brendan takes the place of Lugh.
68 **Lios na Caolbhuí** – "Ringfort of the Slender Yellow One". The slender yellow one refers to the "Glas Gaibhneach", the Cow of Plenty.
72 **Garfinney Bridge**, or the Rainbow Bridge is a medieval dry-stone, corbelled bridge.
90 "**Do ghrá geal**" is literally "your bright love."
112 **Baile na Leacan** – "Townland of the Cheek (or, in this context, of the Mountainside)."
114 **Gleann Sean-Choirp** – "Glen of the Old Body". A townland.
120 **Conor Pass**. Conair means "path".
122 **Com an Bhodhlaeirigh** – "The Com of (Mr.) Bowler" – a family name.
145 "**The Day of Philip of the Feather**" refers to the Last Day. "Philip of the Feather" is the owl, which doesn't come out by day. When he does, it's the end of the world!
256 **Caisleán Ghriaire** – Castlegregory, a village on the north side of the Dingle Peninsula.
271 **Faoin spéir** is literally "under the sky".

"An Chonair ó thuaidh agus síos le fánaidh."
"... through the Conor Pass and down the slope"

VII

Íosa i gCom Dhineol

I bhfad ó bhaile ó na' héinne—
Thiar i gCom Dhineol a bhí an gasra
Agus iad tagtha ann ó Bh'leá Cliath.
Bhí mo dhuine crochta céasta i ngaird Mhuinseo.
"Sea," arsa Peadar, "is cuma cad a deir
   cuid agaibh,
Tá sé aiséirithe. Chonac le mo shúile cinn é.
Ach raghadsa thar n-ais ag iascach.
N'fheadar é 'né".
"Raghadsa leis," arsa a lán den bhuíon
As béal a chéile.
Bhí sé breá ciúin i gCom Dhineol an oíche sin.
N'fhacadar den iasc ach an mheirneáil.
Níor mharaíodar breac.

"Féach cé hé siúd istigh ag barra taoide?"
Arsa duine acu i modardhorchadas na maidine.
"Nach hé Íosa é?" arsa duine eile.
"An bhfuil aon iasc agaibh a leaideanna?"
Arsa an guth ón dtráigh.
"Níl breac," ar siad á fhreagairt.
"Caith an líon amach arís ar dheis an bháid."
Dheineadar amhlaidh.
Ba ghearr go raibh an corc ag dul faoi.
"Is é an Tiarna é," ar siad.
Chas Peadar a chasóg timpeall air féin
Agus níor fhan go mbainfidís an cladach amach.
Isteach san uisce leis suas go dtína ascaillí.
Deabhadh air faoi dhéin a ghrá.

Bhí tine dheas ghualaigh ansiúd
Agus na sméaróidí craorac dearg.

VII
Jesus in Com Dhineol

1 A long way from everybody, the group was
Back in Com Dhineol,
Having come there from Dublin.
Your man had been hung crucified in Mountjoy Yard.
5 "Well," Peter was saying, "it doesn't matter what
    some of you say,
He is risen. I saw him with my own two eyes.
But I'll go back to fishing.
I just don't know …"
"I'll go too," said many of the group
10 All together.
It was very quiet in Com Dhineol that night.
They saw no fish, but only the phosphorescence.
They didn't catch a single fish.

"Look, who's that in there at the high-water mark?"
15 Said one of them in the half-light of dawn.
"Isn't it Jesus?" said another.
"Have you got any fish, lads?"
Said the voice from the beach.
"Not one fish," they replied.
20 "Cast the net out again on the right side of the boat."
They did so.
Soon the cork was going under.
"It's the Lord!" they said.
Peter twisted his oilskin around himself
25 And didn't wait for them to reach the shore.
Into the water with him right up to his armpits
Hurrying to meet his love.

There was a nice charcoal fire there
And the live embers red-hot.

Tarraingíodh na líonta isteach.
D'fhan lucht an amhrais ag comhaireamh na mbreac—
Céad caoga trí, iad mór toirtiúil
Agus iuchracha ar sileadh le cuid acu.
Cuireadh cúpla breac ag róstadh ar an ngríosaigh.
Ba chumhra é an boladh.
Bhailigh an gasra ar fad timpeall na tine,
Timpeall ar Íosa
Agus uisce óna bhfiacla.
Cuid acu scáfar mar ná facadar é
Ón oíche úd sa tseomra uachtair agus sa ghairdín.

Nuair a bhí greim ite ag Peadar
Sméid Íosa air.
"Cogar i leith chugam, a Pheadair."
Ghaibh Peadar anonn chuige.
Sheas Íosa ansiúd roimis go fáilteach.
D'fhéach air go séimh cneasta.
"Shéanais mé, a Pheadair,
Ach má dheinis féin,
An mó do ghrá-sa dom ná a ngrá so?"
"Tá's agat go bhfuil grá agam duit."
"Cothaigh mo chuid uan."
"D'ainneoin ar tharla," arsa Íosa arís
"An bhfuil grá agat dom?"
"Tá, siúrálta, pé scéal é
Ag an oíche úd i gcúirt an ardsagairt."
"Cothaigh mo chuid caorach."
Lean Íosa air fós á cheistiú:
"An bhfuil grá agat dom a deirim arís?"
"Tá fios gach ní agat, tá's agat
Go bhfuil grá an domhain agam duit."
"Cothaigh mo chuid caorach."

Bhain Peadar a chaipín de agus thochais a cheann.
Chuir sé air a chaipín agus é casta siar.

30 The nets were hauled in.
The doubters remained counting up the fish—
One hundred and fifty-three, big and substantial
And the roe shedding from some of them.
A couple of fish were put roasting on the embers.
35 What a pleasant smell!
The whole group gathered around the fire,
Around Jesus,
Their mouths watering.
Some of them were shy because they hadn't seen him
40 Since that night in the upper room and in the garden.

When Peter'd had a bite to eat,
Jesus beckoned to him.
"Come over here and talk to me, Peter."
Peter went over to him.
45 Jesus stood there before him welcomingly.
He looked at him gently and kindly.
"You denied me, Peter,
But even if you did,
Do you love me more than these others do?"
50 "You know that I love you."
"Feed my lambs."
"In spite of what happened," Jesus said again,
"Do you love me?"
"Yes, certainly—whatever about
55 That night in the courtyard of the high priest."
"Feed my sheep."
Jesus continued still to ask him:
"Do you love me, I say once again?"
"You know everything—you know
60 That I have all the love in the world for you."
"Feed my sheep."

Peter took off his cap and scratched his head.
He put his cap on again and twisted it back.

Sea, ba chuimhin leis cad dúirt Íosa
Faoin aoire fónta, go dtugann sé
A anam ar son a chuid caorach.
Íosa a leanúint go bás.
Thuig sé gurb é sin a bhí á éileamh air …
Go bás ar son a chaorach.
Chuir Íosa sin in iúl dó leis go diamhair
Á rá leis go raibh ar a chumas ina óige
Dul mar ab áil leis, ach ina sheanaois
Go gcuirfeadh duine eile a chrios air
Agus go seolfadh é san áit nár thoil leis.
Bhraith Peadar duine éigin eile ina dhiaidh aniar.
D'fhéach laistiar de agus chonaic Eoin.
"Cad faoi Eoin anso?" ar sé le hÍosa.
"Nach cuma duitse, fiú má mhaireann sé
Go dtaga mé arís. Lean-se mise."
D'imigh Peadar leis ar ais go dtí an chuid eile.
Dhruid Eoin i gcóngar Íosa, é ábhairín scáfar,
Agus labhair sé leis go socair:
"Tá do mháthair ag baile sa tigh againn"
Ar sé, "nó is ann a d'fhágas í."
"Sea, tá agus is í a chuir fáilte romham.
Bhí sí ad' mholadh thar an gcuid eile acu
A dhílse a bhís agus a fheabhas a thugais
    aire di."
"Nach orm a bhronnais an onóir,
Do mháthair féin a fhágaint agam le huacht!"
"Ach tá's agat nach agatsa amháin a d'fhágas í
Ach ag mo mhuintir go léir,
Iad seo a éisteoidh le briathar Dé
Agus a dhéanfaidh dá réir.
Nach cuimhin leat go ndúrt
Gurb iadsan is athair agus máthair
Agus deirfiúr agus dreatháir agamsa."
"Sea, ach nach liomsa í ar shlí faoi leith."
"Is ea go deimhin.

Yes, he remembered what Jesus had said
65 About the good shepherd, who gives
His life for the sake of his sheep.
To follow Jesus to the death.
He understood that that was what was asked of him …
To die for his sheep.
70 Jesus expressed that mysteriously to him
Saying that in his youth he could
Go wherever he pleased, but in his old age
Someone elso would fasten his belt
And lead him to a place he didn't want to go.
75 Peter felt someone else behind him.
He looked back and saw John.
"What about John here?" he said to Jesus.
"It doesn't concern you, does it?—even if he lives
Until I return. You just follow me."
80 Peter went back to the others.
John moved closer to Jesus, still a little shy,
And spoke to him quietly:
"Your mother is home in our house,"
He said, "or it's there I left her."
85 "Yes, she is, and it's she who welcomed me.
She was singing your praises above all others—
How loyal you were and how you took excellent care of her."
"Wasn't it the honor you bestowed on me—
To leave your own mother to me in your will."
90 "But you know, it isn't just to you I left her,
But to all my people,
Those who will listen to God's word
And live accordingly.
Don't you remember that I said
95 That these are my father and mother
And sister and brother?"
"Yes, but isn't she mine in a special way?"
"Oh yes, very much so.

Nuair a leanais mise an chéad lá
Dúirt do mham i gcogar liom
Aire a thabhairt don leaidín óg.
Dheineas amhlaidh agus anois
Tabharfaidh tusa aire dom mháthairse ina seanaois."
"Ise a thabharfaidh aire domhsa."
"Níor chás dá lán é sin a rá."

Notes: Jesus in Com Dhineol

Com Dhineol – "The Com of Deiniol".
English "Coomeenoole".
Deiniol is the name of a Welsh saint.

On the first day you followed me
100 Your mom told me in a whisper
To take care of the young little fella.
I did so, and now
You'll take care of my mother in her old age."
"It's she who'll be taking care of me."
105 "Many others could well be saying that."

"Thiar i gCom Dhineol"
"Back in Com Dhineol"

VIII

Briseadh an Aráin

Siar go Com Dhineol a bhí an bheirt,
Séamas Sheáin Pheadair ó Leataoibh Meánach
Agus Peats Mhic ós na Ráithíneacha ag dul
Mar go raibh deireadh leis na scadáin i mBréanainn
Agus chualadar go rabhadar ag ráthaíocht
   ansúd thiar.
Chuireadar chun bóthair luath go maith
Mar go raibh turas maith fada rompu.
Bhuaileadar isteach chun na Muircheartach
I Mullach Bhéal agus d'óladar braon tae leo.
Bhí fonn ar Phádraig moill a chur orthu
Le dúil sa ch'leachtadh; níor fhanadar
Ach tamaillín mar go raibh deabhadh orthu.
Na Gleannta anuas a ghabhadar agus ansin
Mám Bhaile na nÁith siar; bhí na prátaí acu
Ag baile, ti' Shéamais i Leataoibh;
Bhí muintir an tí ag caint ar Íosa,
An té a thug turas ar an ospidéal sa Daingean
Lá Aonach na Muc agus a ghlaoigh ar ais
Ós na mairbh ar an bhfear úd thall ar an
   nGairtheanaigh,
An té gur thug an bheirt iascaire seo féin an-
   ghéilleadh dó
Ar an gCé sa Daingean agus an lá úd
Nuair a bhí sé ag seanmóintíocht i Móin na Ceapaí.
Bhí sé ráite gur cuireadh chun báis é
Thíos i mB'leá Cliath ach go raibh sé beo arís
Agus é tagtha 'on dúthaigh
Agus go bhfaca cuid des na hiascairí
Thiar i gCom Dhineol é agus gur mó breac
   suaithinseach

VIII

The Breaking of the Bread

1 James John Peter of Leataoibh Meánach
　And Peats Mhic from Ráithíneacha
　Were on their way westwards to Com Dhineol
　Because the herring had left Bréanainn
5 And they'd heard that they were shoaling back out there.
　They'd taken the road fairly early
　Because there was a good long journey ahead of them.
　They dropped in on the Moriartys
　In Mullach Bhéal, and drank a drop of tea with them.
10 Patrick wanted to delay them
　Because he loved company; they didn't stay
　But a short while, because they were in a hurry.
　Down the Glens they went and then
　West by the Pass of Baile na nÁith; they had the spuds
15 At home at James' house in Leataoibh;
　The people of the house were talking about Jesus—
　The one who paid a visit to the hospital in Dingle
　On the day of the Pig Fair, and called back
　From the dead that man way over in Garfinney,
20 He that these two fishermen here gave such a hearing to
　On the Quay in Dingle, and the day
　He was preaching in Móin na Ceapaí.
　It was said that he'd been put to death
　Above in Dublin, but that he was alive again
25 And had come back this way,
　And that some of the fishermen
　Back in Com Dhineol saw him and that it's many a strange fish

A chuir sé ina líonta maidin nach raibh
   scadán acu.
Cuireadh moill ar an mbeirt
Mar bhí an-shuim acu sa scéal seo,
Ach ar deireadh líonadar a mbuidéil uisce
Agus bhogadar leo agus cúpla práta acu
   mar lón.

Ag gabháil Imilleá siar dóibh
Agus iad ag cur na scéalta faoi Íosa trí chéile,
Gan aon ghéilleadh poinn a thabhairt don ráfla faoi
É a bheith beo arís ná é a bheith sa dúthaigh,
Tháinig stróinséir suas leo.
"Aon scéal nua agat dúinn?"
Arsa Peats go neafaiseach.
"Agaibhse atá na scéalta, d'é dheáraimh,"
Arsa an stróinséir agus mheas an bheirt eile
Gur ón áit é go siúrálta ar a chanúint.
"Ó, sea bhíomair ag cur síos
Ar mo dhuine, Íosa," arsa Séamas,
"É siúd a bhí anseo timpeall i dtosach
   na bliana,
An té a thug bia don slua tar éis an chluiche caide
I Móin na Ceapaí, agus a deirtear
A thóg duine ón mbás thall sa Ghairtheanaigh."
"Chualamar scéal gan deáramh anois díreach"
Arsa Peats, "gur cuireadh chun báis i mB'leá Cliath é
Agus go raibh sé aiséirithe arís
Agus go bhfacathas sa dúthaigh seo féin é."
"Ná fuil rud éigin mar sin i ráiteachas na
   tairngireachta?"
Arsa an stróinséir, "agus sa Bhíobla féin,
Má léann sibh é, nó má chloiseann sibh é á léamh."
Thosnaigh sé air ansin agus stráicí móra den Bhíobla
Á n-aithris aige, agus idir scéal agus duain agus
   seanchas

That he put in their nets a morning they didn't get
   herring.
The two delayed
30 Because they were very interested in this story
But in the end they filled their water-bottles
And moved off, taking a couple of spuds with them
   as provisions.

As they passed through Imilleá on their way west,
Going back through the stories about Jesus—
35 Without putting much stock in the rumor of
His being alive again nor his being in the district—
A stranger caught up with them.
"Do you have any news for us?"
Asked Peats casually.
40 "It seems to be you that have the stories,"
Answered the stranger, and the other two thought
That he was certainly a local, to judge from his accent.
"Oh, yes, we were discussing
Your man, Jesus," said James,
45 "The one who was around here at the beginning of
   the year—
The one that fed the crowd after the football match
In Móin na Ceapaí, and, it's said,
Raised a man from the dead over in Garfinney."
"We heard a silly story just now,"
50 Said Peats, "that he was put to death in Dublin
And that he's risen again
And was seen in this very district."
"Wasn't there something like that in your local
   prophecy?"
Said the stranger, "and in the Bible itself
55 If you read it or hear it read."
He began then and recited long passages of the Bible,
And between story and lay and
   lore

Mhínigh sé conas mar a bhí ráite i dtaobh an Mheisias
Agus gurb é fear úd na n-iontas a bhí
   ina measc tamall é
Agus gurb é a dhán bás a fháil agus aiséirí arís
Agus trócaire Dé agus a shíocháin a fhógairt.
Bhí dearmad á dhéanamh ag an mbeirt ar chúrsaí
Iascaigh agus ar cé leis a gheobhaidís biaiste,
Ach a gcroí ina mbéal acu le hiontas.

Ag Crosaire an tSean-Chnoic, bhí an stróinséir
Chun tabhairt faoi Mhárthain,
Agus iad féin ag cuimhneamh ar dhul
Tríd an mBuailtín siar agus dul isteach
Go dtí an Hórach i gClochar mar gur
Leis a bhí biaiste na bliana roime sin acu.
Ba bhreá leo go bhfanfadh an stróinséir
Tamall eile leo agus chromadar ar thathant
   air.
"Fan farainn," arsa Séamas, "Tá sé i mbeál tráthnóna
Agus an lá siar síos cheana féin.
Ní baol go ndéanfaimidne aon
   ghaisce anocht.
Féach thall, tigh an ghabha,
   fear Leataoibh,
Tabharfaidh sé lóistín dúinn."
Is é a thug, agus tugadh "Teach na Féile"
Ar an dtigh sin riamh ó shin.
Ba ghearr go raibh an triúr chun boird go
   fáilteach,
Bollóg bhreá aráin acu agus leathbhuidéal
   fíona.
Leanadar orthu ag caint faoi Íosa,
Na tairngireachtaí ina thaobh,
An Dea-Scéal a bhí aige do na boicht
Agus don saol mór, na hiontais a dhein sé …
Ansin i lár na cainte, thóg an stróinséir

Made clear what was said about the Messiah,
And how it was that the man of wonder who was
   among them for a while was he,
60 And that it was his destiny to die and to rise again
And proclaim the mercy of God and his peace.
It made the two forget their fishing plans
And with whom they would get a berth,
But their hearts in their mouths with wonder.

65 At Crosaire an tSean-Chnoic, the stranger was
Setting out for Márthain,
While they were planning to go west
Through Buailtín and on into
Hoare's in Clochar, because
70 It was with him they'd had a berth the year before.
They'd be delighted if the stranger would stay
A while longer with them, and they began persuading
   him.
"Stay with us," said James, "It's well into the evening
And the day's already going down.
75 There's no chance we'll accomplish anything
   wonderful tonight.
Look over there—the house of the smith, your
   Leataoibh man.
He'll give us lodging."
Indeed he did, and the house is called "Teach na Féile"
Ever since.
80 Soon the three were welcomed and seated at the
   table,
A fine loaf of bread before them, and a half-bottle of
   wine.
They continued to talk of Jesus,
The prophecies about him,
The Good News he had for the poor
85 And for the whole world, the wonders he'd done ...
Then in the middle of the talk, the stranger took

Canta den mbollóig, bheannaigh agus bhris
Agus thug don bheirt eile é á rá:
"Is é seo mo chorp, a thabharfar ar bhur son."
Mar an gcéanna leis an ngloine fíona a thóg sé ina
    lámha
Á rá gurb í a chuid fola a bhí inti …
Ba é seo an chéad uair acu a bheith
Páirteach ina leithéid de shearmanas,
Ach thuigeadar gur rúndiamhair mhór a bhí
Á cur i ngníomh os comhair a súl
Agus gurb é seo Íosa féin aiséirithe a bhí
    faróthu,
Ach i bhfaiteadh na súl bhí a shuíochán folamh,
É bailithe leis mar a shloigfeadh an talamh é.
Ach in áit amhras is míchéata a bheith ar an mbeirt
Bhí a gcroí lán d'áthas is de lúcháir.

Ní raibh sé ach ina ardtráthnóna fós.
"Ní bhacfaimid le dul siar go Clochar," arsa Peats,
"Téanam siar an cóngar go Com Dhineol.
Ná fuil 's agat gur ansúd thiar a bheadh na
    hiascairí úd
Aindí Beag agus Síomón mac Eoin agus
An dream beag eile a leanann é;
Tabharfam an dea-scéala chucu."
D'fhágadar slán is beannacht ag fear
    a' tí,
Gan aon mhíniú poinn a thabhairt ar a n-iompar.
Siar leo tríd an Sean-Chnoc, thar Bhaile
    an Éanaigh,
Cathair na gCat agus Baile Bhoithín.
Bheannaíodar do Thomás Mhárthain a bhí i mbéal a
    dhorais
Ach ní ralbh aon fhonn scéalaíochta ná
    bothántaíochta orthu.

A hunk of the loaf, blessed and broke it,
And gave it to the others, saying:
"This is my body, which will be given for your sake."
90 In the same way he took the glass of wine in his hands
Saying that it was his blood that was in it …
This was their first time
Taking part in such a ceremony,
But they understood that a great mystery
95 Was being performed before their eyes
And that this was Jesus himself risen who was with them.
But in the twinkling of an eye his seat was empty—
He was gone as if the earth had swallowed him.
But instead of the two being doubtful and disappointed,
100 Their hearts were full of joy and gladness.

It wasn't yet but the top of the evening.
"We won't bother going back to Clochar," said Peats.
"Let's go west by the short cut to Com Dhineol.
You know, don't you, that that's where those fishermen will be—
105 Little Andy and Simon son of John
And the rest of the little group that follows him;
We'll bring them the good news."
They said goodbye and left blessings with the man of the house,
Without giving much explanation of their conduct.
110 Back they went through Sean-Chnoc, through Baile an Éanaigh,
Cathair na gCat and Baile Bhoithín.
They greeted Tomás Márthain who was in his doorway,
But they hadn't any wish for storytelling or folklore.

Ghabhadar an cóngar tríd an lios agus ansin
   suas an bóithrín
Go Báinseach an Chlasaigh.
Stad Peats Mhic ag féachaint síos uaidh
Ar Bhéal Bán álainn Fionntrá is ar
   na soilse
A bhí á lasadh ceann ar cheann ar chrioslach
   na trá
Ó thigh Strettin isteach ón mBréagaire
Go tigh Cooper i gCill Mh'Earnóg.
Ó thigh Goodman i mBaile Aimín Treant
Go tigh na gCíobhánach sna Ráithíneacha.
"Bímís ag cur dínn," arsa Séamas "agus beimid thiar leis an lá."
An Clasach suas leo go fuinniúil coséadrom,
An uain go haoibhinn, fochaora ag méiligh,
Agus sceamh ó mhadra thall is abhus.
Chaitheadar púróg ar Leacht an Chlasaigh
Agus ghuíodar don marbh.
Bhí radharc acu ar an mBlascaod Mór
Ó Charraig an Ghiorria agus iad ar sodar síos le
   fánaidh.
D'fhéadadar ainm a chur ar gach tigh
De réir mar a lastaí solas ann.
Ghabhadar an cóngar ón gCírín, ag an dtobar,
Ó dheas trí Ghleann Loic i dtreo an
   Dúna.
Bhíodar i radharc Chom Dhineol anois agus
I radharc na trá. Ní raibh bád ar an linn.
Ní raibh faoileán ar foluain ná gainéad ag bualadh.
"Sea, níl aon scadán anso fós, is baolach," arsa Peats
"Agus nach mar sin is fearr é. Buailfimid leis an
   ndream san
Ti' Mhaoileoin nó ti' Chíobhánaigh na gcnámh."
Bhí solas ag na Cíobhánaigh agus an doras
Ar leathadh mar ba ghnáth.

They took the shortcut through the fairy fort and then
up the bóithrín
115 To Báinseach an Chlasaigh.
Peats Mhic stopped, looking down
On the beautiful white open beach of Fionntrá and on
the lights
That were being lit one by one along the edge of the
beach
From the Strettin's house, in from the Bréagaire,
120 To Cooper's house in Cill Mh'Earnóg,
From Goodman's house in Baile Aimín Treant
To the Kevanes' house at Ráithíneacha.
"Let's get going," said James, "and we'll be back
there while there's still some daylight."
Up the Clasach with them, with a lively step.
125 The weather was beautiful, an odd sheep bleating,
And a yelp from a dog here and there.
They threw a pebble on the Cairn of the Clasach
And prayed for the dead.
They had a view of the Great Blasket
130 From Carraig an Ghiorria as they were trotting down
the slope.
They were able to put a name to each house
As the light would be lit in it.
They took another shortcut from Círín, at the well,
South through Gleann Loic in the direction of the
Dún
135 They were in sight of Com Dhineol now and
In sight of the beach. There wasn't a boat on the sea.
There was no seagull on the wing, nor gannet striking.
"Well, no herring here yet, I'm afraid," said Peats,
"Isn't that all the better. We'll meet up with the
group in
140 The Malones' house or at Kevane's the bonesetter's."
There was light at the Kevanes' and the door
Was ajar as usual.

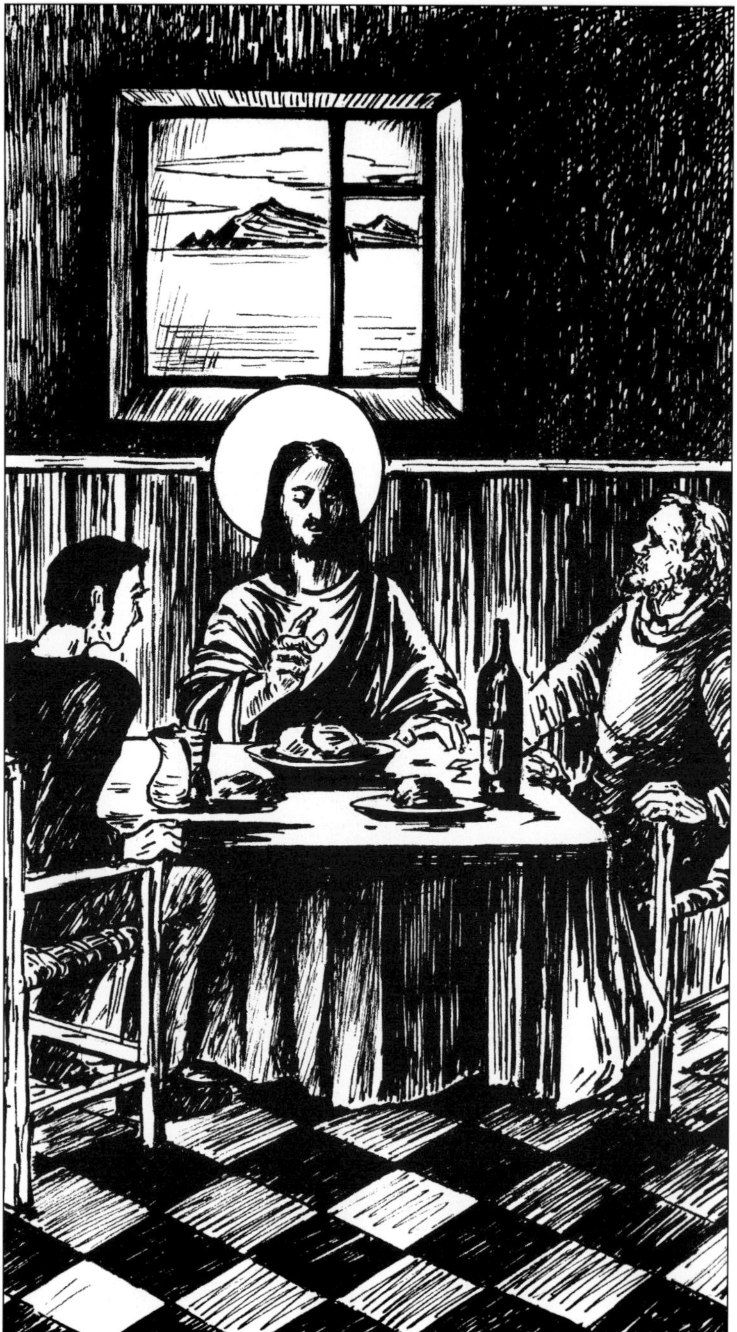

"Béal Bán álainn Fíontrá"
"The beautiful white open beach of Fíontrá"

Bhí lán an tí istigh.
Bhí caint is cadaráil le clos uathu.
"Ragham isteach leis an scéala chucu,"
Arsa Séamas, "is bainfimid an-phreab astu."
"Dé bhur mbeathasa! Mo chughainn aduaidh sibh!"
Arsa fear a' tí a luaithe a bhraith sé chuige
   iad.
"Go mairis i bhfad" arsa na cuairteoirí
As béal a chéile, "tá dea-scéala againn duit féin
Agus dod' chomhluadar."
"Ár ndála-sa féin anso. Tá Síomón mac Eoin,
Nó Peadar mar ba chirte a thabhairt anois air,
Tá sé féin is a complacht anso agus é mar scéal mór
   nua acu
Go bhfuil Íosa, an fear úd a bhí ag déanamh na
   n-iontas
I gCorca Dhuibhne san earrach, agus a crochadh ar
   chrois
Trí seachtaine ó shin i mB'leá Cliath, go bhfuil sé ina
Steillebheathaidh arís agus gur thaibhsigh sé do
   Shíomón! "
"Agus dúinne go léir," arsa na haspail a bhí ina suí
Timpeall ar fhóda stuaicín.
"Moladh is buíochas le Dia!" arsa Peats,
"Ba é ár scéalna daoibh gur tháinig sé tamall de
   bhóthar
Linn agus gur aithníomar é i mbriseadh
   an aráin
I dtigh an ghabha ag an Sean-Chnoc!"
"Céad glóir le Dia!" arsa Síomón Peadar,
"agus canaimís an Hallel."

The house was full.
You could hear talk and chatting within.
145 "We'll go in to them with the news,"
Said James, "and we'll give them a great surprise."
"God be with you! You're very welcome,"
Said the man of the house as soon as he was aware of them.
"Long life to you!" said the visitors
150 In unison. "We have good tidings for you
And for the whole company."
"Just as we have here. Here's Simon son of John—
Or Peter, as it's correct to call him now.
He and his group are here and great news they have
155 That Jesus—that man who used to be doing the wonders
In Corca Dhuibhne in the spring, and who was crucified on the cross
Three weeks ago in Dublin—that he is
Back again, very much alive, and that he appeared to Simon!"
"And to us all," said the apostles, who were sitting
160 Around on sods of turf.
"Praise and thanks to God!" said Peats.
"Our own news to you was that he came part of the way on the road
With us, and we recognized him in the breaking of the bread
In the smith's house at Sean-Chnoc!"
165 "A hundred glories to God!" said Simon Peter,
"And let's sing the Hallel."

Notes: The Breaking of the Bread

1. **Leataoibh Meánach** – "Middle Lative", a townland.
2. **Ráithíneacha** – "Little Raths". Raths are earthen ring-forts; name of a townland.
4. **Bréanainn** – Used as name of village of Brandon as well as of St. Brendan.
27. There is a tradition that the miraculous catches of fish were of rare and unusual species of fish.
33. **Imilleá** – Name of townland. The final long vowel may mean "ford." The first element means border land.
65. **Crosaire an tSean-Chnoic** – "Crossroads of the Old Hill". This refers to an area around a steep rise in the road, where there's a fork, one branch going to Márthain and the other going to Buailtín.
68. **Buailtín** – "Little Cow Pasture". "Buailtín of the Sparrows" is another name for the village of Ballyferriter.
69. **Clochar** – "Cluster of beehive huts".
110. **Baile an Éanaigh** – "Townland of the Wild Fowl".
111. **Cathair na gCat** – "Stone Fort of the Cats", a medieval Christian site.
111. **Baile Bhoithín** – "Townland of St. Boithín".
112. **Tomás Mhárthain** was a local "seanchaí" or teller of traditional stories.
115. **Báinseach an Chlasaigh** – "Lawn of the Clasach", a green patch at a fork of the road.

119 **Bréagaire** – "Liar" is the name of a treacherous rock that juts out some distance.

121 **Baile Aimín Treant** – "Aimín" is of uncertain origin; Treant is the English family name Trant.

128 The dead man commemorated by the cairn was a poor man who had been killed by bailiffs. The cairn was raised in his memory, and it was customary to add a pebble and pray for him when passing.

130 **Carraig an Ghiorria** – "The Rock of the Hare." The hare referred to was a magical one that disappeared in the cleft of that rock.

133 **Círín** – "Cock's Comb" – the steep part of the slope of the Clasach.

134 **Gleann Loic** – "The Glen of the Loc". A **loc** is a gathering place for sheep or cattle; " loic" is the genitive.
Dún – "Dunmore Head", the most westerly point in Europe, with one of the biggest promontory forts.

156 **Corca Dhuibhne** – "The Seed of Duibhne" – a tribal name, and the name in Irish for the Dingle Peninsula. Duibhne is the name of a goddess. Her name in Primitive Irish, "Dovinia" occurs on an ogam stone.

160 **Fóda stuaicín** actually means sods of "hairy" turf; **stuaicín** was turf cut from the surface, without removing what was growing on it.

166 **The Hallel** is a group of psalms of praise.

IX
Íosa ar Chruach Mhárthain

Tá sé ráite go raibh na deisceabail,
Cúpla lá ina dhiaidh seo,
Bailithe le chéile ag Leacht an Chlasaigh—
Níl aon rian de sin ann anois mar gur leathnaíodh
An bóthar ansúd agus gur cuireadh na clocha
Amach ar an mbóthar—agus go bhfacadar
Íosa Bun Cruaiche
 i leith chúthu.
Bhí na deisceabail ag cur is ag cúiteamh eatarthu
 féin;
Cuid acu á rá gur cheart dóibh dul abhaile dóibh féin,
Go raibh an taibhreamh thart;
Cuid eile acu á mheas go mb'fhiú
 fanacht
—Sea, réiteodh Íosa an scéal dóibh anois,
Shíleadar go léir nuair a chonacadar ag teacht é.
"Síocháin daoibh!" ar sé ag druideam leo.
"An bhail chéanna ort!" ar siad d'aon ghuth.
"An ríocht so ar mbíonn tú ag caint,
An bhfuil deireadh léi?" arsa Parthanán
Go mífhoighneach, "an bhfuil deireadh léi
Sarar thosnaigh sí?"
"Ní den saol so í, mar a dúrt go minic.
Is é bhur gcúramsa anois í a fhógairt
Thar mo cheannsa. Ach bíodh misneach agaibh.
Cuirfidh an tAthair an Spiorad Naomh chughaibh
A mhíneoidh daoibh a bhfuil ráite agam libh
Agus a thabharfaidh misneach agus cabhair daoibh."
Lean Íosa air ag caint leo i dtaobh na ríochta.
Bhí cuid acu díomách mar gur bhain an Ríocht
Leis an saol eile seachas leis an saol so.

IX
Jesus on Chruach Mhárthain

1 It's said that the disciples,
A couple of days after this,
Were gathered together at the Cairn of the Clasach—
There's not a trace of that there now because
5 That road was widened and the stones were set
Out on the road—and that they saw
Jesus coming along the pathway at Bun Cruaiche towards them.
The disciples were discussing and arguing among themselves;
Some of them were saying that they should go home,
10 That the dream was over.
Others of them were of the opinion that it was worth waiting.
When they saw him coming, they all decided—
Yes, Jesus would solve the problem for them.
"Peace to you," he said, drawing near them.
15 "The same blessing to you!" they said with one voice.
"This kingdom you talk about,
Is it ended?" asked Bartholomew
Impatiently, "Is it over
Before it began?"
20 "It isn't of this world, as I've often said.
From now on it's your duty to declare it
On my behalf. But have courage.
The Father will send the Holy Spirit to you,
Who will explain everything I've said,
25 And give you help and courage."
Jesus continued to talk with them about the Kingdom.
Some of them were disappointed that the Kingdom
Pertained to the other world rather than to this world.

Ach d'oscail sé a n-aigne
Chun go dtuigfidís an scrioptúr.

I gan fhios dóibh geall leis bhí sé
Á mbogadh ón mbóthar agus suas
Cosán na Cruaiche, taobh leis an maolchlaí,
An teora idir an dá pharóiste.
Ní raibh aon sreang ar an gclaí an uair úd.
Ba bhreá an radharc a bhí á fháil acu de réir a chéile
Ar na seacht bparóistí timpeall,
Agus iad ag dreapadh leo in airde,
Fraoch go glúine ach ar an gcasán glas.
Bhí Pilib ag déanamh iontais de Leaba Dhiarmada
Agus dúirt Aindí Beag i gcogar leis go n-inseodh sé
An scéal dó lá éigin eile.

"Mar sin atá scríofa," a bhí á rá ag Íosa agus iad
Ag cur na hairde díobh go leadránach,
"Go bhfuilingeodh Críost agus go n-éireodh sé
An treas lá, agus go mbeadh aithrí agus maithiúnas
    peacaí
Á bhfógairt ina ainm dos na náisiúin uile.
Is mó duine ón áit seo féin
A bheidh páirteach i scaipeadh an dea-scéil seo
An athmhuintearais, an ghrá agus na síochána."
Ag Barr Cruaiche, ní ar na seacht bparóistí
    amháin
A bheadh radharc acu ach ó thuaidh
Go Ceann Léime agus ó dheas go Béara;
Ach bhíodar bog air mar radharc.
Lean Íosa air go socair:
"Ná bíodh aon uaigneas oraibh im' dhiaidhse,
Mar cuirfead an Spiorad Naomh chughaibh mar atá
    geallta agam.
Líonfaidh sé bhur gcroí le misneach agus le háthas."
Ansin d'ardaigh sé a lámha á mbeannú agus ag beannú

But he opened their minds
30 So that they could understand the scriptures.

They didn't notice that he was getting them
To move away from the road and up
The path of the Cruach, on the side of the embankment,
The boundary between the two parishes.
35 There was no wire on the embankment at that time.
What a beautiful panorama came gradually into view
Of the seven parishes around,
As they climbed upwards,
Heather to their knees except on the green pathway.
40 Philip was admiring Leaba Dhiarmada,
And Little Andy said to him in a whisper that
He'd tell him the story some other day.

"As it's written," Jesus was saying as they were
Slowly moving up higher,
45 "The Christ was to suffer and to rise
On the third day, and penance and forgiveness of sins would be
Proclaimed in his name to all the nations.
It's many a one from this very place
Who'll be taking part in the spreading of the Good News
50 Of reconciliation, love, and peace."
At Barr Cruaiche, they could see not only the seven parishes,
But northwards
To Ceann Léime and southwards to Béara;
But the view didn't interest them.
55 Jesus went on gently:
"Don't be lonely after I'm gone,
For I'll send the Holy Spirit to you, just as I promised.
He'll fill your hearts with courage and joy."
Then he raised his hands blessing them and blessing

Na dúthaí go léir timpeall. Chromadar a gceann
Agus nuair d'fhéachadar suas arís bhí sé á ardach
   uathu
Agus scamall diamhair á cheilt orthu.

****

Dúirt cuid de mhuintir na Cille
Agus de mhuintir Mhárthain
Go bhfacadar caipín ar Chruach Mhárthain
Síos go maith thar Leaba Dhiarmada
Agus gan aon cheo ar Shliabh an Fhiolair
An lá breá úd.
B'ionadh leo é sin.
Bhí a chúis dhiamhair féin leis.

60 The whole district all around. They bowed their heads
   And when they looked up again he was ascending
      from them,
   And a mysterious cloud was hiding him from their view.

        ****

   Some of the people of Cill,
   And some from Márthain, said
65 That they saw a cloud cap on Cruach Mhárthain
   Well down past Leaba Dhiarmada
   Without any fog at the time on Sliabh an Fhiolair
   On that fine day.
   This puzzled them.
70 It had it's own mysterious cause.

Notes: Jesus on Cruach Mhárthain

7 **Bun Chruaiche** – "Base" or "Collar" of the Cruach. This is the path going around the lower part of it.
40 **Leaba Dhiarmada** – "Bed of Diarmaid". This is a depression in the ground on the way to the summit, interpreted traditionally as one of the beds of Diarmad and Gráinne from the Fenian Cycle story "The Pursuit of Diarmaid and Gráinne."
51 **Barr Cruaiche** – "Top of the Hill".
53 **Ceann Léime** – "Leap Head" or "Headland of the Jump". The jump referred to is that of Cuchullainn from Kerry Head to what is called in English "Loop Head" in Clare.
63 **Cille** – Genitive of "cill", church; this refers to the medieval parish of Kilmalkedar, in Irish "Cill Maolcéadair." Maolcéadair was the founder of a seventh century Christian settlement where the ruins of a twelfth century church now stands.
67 It would be surprising to have fog on Croaghmarhin and not on Mount Eagle, which is 300 feet higher.

"... caipín ar Chruach Mhárthain"
"... a cloud cap on Cruach Mhárthain"